SCI

SOCIÉTÉ CIVILE IMMOBILIÈRE

POURQUOI LA CRÉER ET COMMENT LA GÉRER

Le Particulier ÉDITIONS

Sommaire

CHAPITRE 1

Qu'est-ce qu'une SCI ?

La SCI est une société

Une société civile immobilière (SCI) est une structure composée d'au moins deux personnes qui s'associent pour gérer un patrimoine immobilier. Le plus souvent la société est constituée entre époux, parents et enfants, partenaires de pacs ou concubins. On parle alors de SCI familiale. C'est donc un cercle très privé, au sein duquel la bonne entente est de rigueur et dans lequel les possibilités d'entrer sont limitées.

La constitution d'une SCI permet de répondre à différents objectifs : acquérir et détenir un patrimoine en commun, échapper aux lourdeurs de gestion de l'indivision, transmettre des immeubles à ses enfants ou encore sécuriser son patrimoine professionnel en le séparant de son patrimoine privé.

La SCI doit être immatriculée au Registre du commerce et des sociétés (RCS). Cette formalité obligatoire lui confère une existence juridique distincte de celle de ses membres. Elle dispose, à ce titre, d'un patrimoine qui lui est propre. Les immeubles de la SCI peuvent être mis gratuitement à la disposition des associés ou loués pour en tirer des revenus.

Les rapports entre associés sont étroits

Dans une SCI familiale, la qualité des associés est un élément déterminant du contrat de société.

L'accès à la société n'est pas libre

Il ne saurait être question d'imposer aux associés l'entrée d'une personne étrangère à leur cercle sans qu'ils y consentent expressément. L'arrivée d'un nouvel associé dans la société doit être agréée par les autres associés, selon des modalités fixées dans les statuts (voir p. 42 et 60). Ainsi, l'agrément préalable d'un associé entrant est nécessaire en cas de vente, ou de transmission gratuite (par donation ou succession), de ses parts sociales par un associé. En pratique, la cession de parts sociales n'est susceptible d'intéresser que les proches des associés, mais l'agrément présente un intérêt évident, au niveau familial, notamment dans le cadre des familles recomposées.

Le nombre d'associés est restreint

Il faut être au moins deux pour créer une SCI. En revanche, la loi ne fixe pas de nombre maximal d'associés. Mais, en raison des liens affectifs étroits unissant les associés d'une SCI familiale, il est recommandé de ne pas être trop nombreux dans la société, pour ne pas alourdir sa gestion, ce qui irait à l'encontre des raisons de sa création.

La SCI poursuit un objet civil

L'objet social de la SCI est défini dans ses statuts. Il délimite le cadre des activités qu'elle peut réaliser. Comme son nom l'indique, la SCI doit avoir une activité civile.

La loi ne définit pas les activités civiles

Est considérée comme civile toute activité qui n'est pas commerciale. Les activités commerciales sont définies par l'article L 110-1 du Code de commerce, qui en donne une liste limitative (achat de meubles ou d'immeubles pour la revente, opérations de change…).

Ce sont les statuts de la société qui en précisent l'objet, c'est-à-dire l'activité qu'elle se propose d'exercer. Mais c'est l'activité réelle de la société qui détermine la nature de la SCI et non pas l'objet social déclaré.

Notez que les professionnels de la gestion de patrimoine conseillent souvent de créer une société par immeuble, notamment pour en rendre la cession plus aisée. Il suffit alors de vendre les parts sociales représentatives de l'immeuble, ce qui serait impossible si une seule société en détenait plusieurs.

La SCI a la personnalité morale

La SCI est une entité juridique distincte des personnes physiques qui la composent. C'est donc la société, et non les associés, qui est propriétaire des immeubles. La personnalité morale s'acquiert, lors de la création de la SCI, par son immatriculation au RCS (voir p. 63). Une fois cette formalité accomplie, la SCI exerce toutes les prérogatives relatives aux biens ou aux droits qui sont dans son patrimoine. Elle peut acquérir des immeubles, signer des contrats de location, emprunter…

À la différence de l'indivision, régime dans lequel l'immeuble est détenu directement par les indivisaires, la SCI est une détention indirecte de l'immeuble, la personne morale s'interposant. Les personnes morales sont toujours représentées par une personne physique (un ou plusieurs gérants, voir p. 88).

La SCI
est une société

Les rapports entre associés sont étroits

La SCI poursuit un objet civil

La SCI se distingue d'autres sociétés proches

La location d'immeubles nus est une activité civile

La location d'immeubles nus, activité fréquente pour une SCI, est juridiquement une activité civile. Les revenus, constitués des loyers, ne sont pas imposés au niveau de la société elle-même, mais directement entre les mains des associés dans la catégorie des revenus fonciers, à proportion de leurs droits dans la société (voir p. 112).

A contrario, l'activité de la SCI est considérée par le fisc comme commerciale lorsqu'un immeuble qu'elle détient est loué meublé (pour un usage d'habitation) ou équipé (pour un usage professionnel). En conséquence, une SCI qui loue en meublé relève de l'impôt sur les sociétés (voir p. 124).

Par ailleurs, l'objet de la SCI ne doit pas être limité à la revente de biens immobiliers. Certes, elle peut être amenée à vendre un bien dans le cadre de la gestion de son patrimoine, mais cela ne peut être que de façon exceptionnelle.

La SCI se distingue d'autres sociétés proches

L'objet d'une SCI est limité à la gestion et à la transmission du patrimoine privé ou professionnel de ses associés. Certaines sociétés civiles peuvent certes être constituées pour des opérations de construction, mais cette activité s'exerce dans des structures juridiques spécifiques. Relevant de statuts très particuliers, elles ne sont pas à proprement parler des sociétés civiles immobilières et ne doivent pas être confondues avec les SCI de gestion, objet du présent ouvrage.

Les sociétés de construction-vente : réservées aux investisseurs

Leur objet consiste à « construire un ou plusieurs immeubles en vue de leur vente en totalité ou par fraction » (*art. L 211-1 du Code de la*

UNE LOCATION MEUBLÉE PEUT ÊTRE CONSENTIE À TITRE ACCESSOIRE

Une SCI qui loue des locaux meublés (ou équipés, pour les locaux commerciaux ou industriels) exerce de ce fait une activité commerciale. Elle relève donc, en principe, de l'impôt sur les sociétés (IS), et non de l'impôt sur le revenu (IR), pour l'ensemble de ses revenus. Le fisc admet cependant que, lorsque l'activité commerciale est exercée à titre accessoire, cela n'entraîne pas l'assujettissement à l'IS. La location meublée est considérée comme accessoire lorsqu'elle ne procure pas à la société plus de 10% de ses revenus. Ce qui suppose que la société possède plusieurs immeubles qu'elle met en location. Si la SCI franchit occasionnellement la limite de 10% elle reste cependant soumise à l'IR, si la moyenne de ses revenus commerciaux sur 4 ans, n'excède pas 10% de la moyenne de l'ensemble de ses revenus perçus au cours de la même période.

construction et de l'habitation). Elles sont utilisées par les promoteurs immobiliers, qui vendent ensuite les locaux à des particuliers. Elles concernent donc essentiellement les professionnels de la construction et obéissent à des règles impératives destinées, notamment, à protéger les acquéreurs non professionnels contre les risques de non-achèvement des programmes, faute de moyens suffisants. La SCI de gestion se distingue des sociétés de construction-vente par sa finalité : son but n'est pas la revente immédiate du bien immobilier.

Les sociétés d'attribution : construire pour se loger

Elles ont pour objet l'acquisition ou la construction d'immeubles destinés à être attribués (et non vendus) aux associés (*art. L 212-1 du Code de la construction et de l'habitation*). Une fois l'immeuble achevé, l'associé prend possession du lot auquel il a droit. Il en devient propriétaire à la dissolution de la société ou lors de son retrait de celle-ci, événements qui peuvent intervenir à tout moment. Un règlement de copropriété doit donc être rédigé et adopté avant tout commencement des travaux ou toute entrée en jouissance des associés.

Fiscalement, tout se passe comme si les associés étaient personnellement propriétaires des biens composant l'actif. À la dissolution de la société, l'attribution des biens aux associés n'entraîne pas un transfert de propriété du patrimoine de la société vers celui des associés, puisqu'ils sont considérés fiscalement comme propriétaires des biens depuis l'origine. Ils ne sont donc pas imposés sur l'éventuelle plus-value réalisée au jour de la dissolution de la société.

Les sociétés d'attribution se distinguent des SCI de gestion, dans la mesure où les associés sont titulaires de parts correspondant à un lot individualisé. Ils peuvent occuper ce lot ou le donner en location. Ce type de société est destiné à des personnes qui veulent avoir des droits exclusifs sur un lot (un appartement, par exemple). Alors que les associés d'une SCI sont titulaires de parts leur donnant droit à une fraction du capital social, mais ils ne sont pas appelés à devenir propriétaires de lots définis.

Les sociétés civiles de placement immobilier (SCPI)

À la différence des SCI de gestion, les SCPI sont autorisées à offrir au public des titres financiers (*art. 239 septies du Code général des impôts*). Elles ont pour objet l'acquisition et la gestion d'un patrimoine immobilier locatif destiné à l'habitation ou à un usage professionnel (bureaux et commerces).

L'épargne collectée auprès du public est destinée à l'acquisition d'un ou plusieurs biens immobiliers. La gestion de ces immeubles est confiée à une société qui se charge de les louer pour le compte des porteurs de parts et de leur reverser, en contrepartie, une quote-part des loyers à proportion de leurs droits dans la SCPI. Les associés sont imposables personnellement sur les loyers perçus par la SCPI, à raison de leurs droits dans la société. Ces revenus sont imposés directement entre les mains des associés dans la catégorie des revenus fonciers, selon les règles normales d'imposition de ces revenus. Le régime microfoncier ne leur est toutefois pas applicable (voir p. 121).

Pourquoi créer une SCI ?

La SCI est un outil efficace de gestion et de transmission du patrimoine, dès lors que sa création s'intègre à une stratégie patrimoniale d'ensemble. Elle bénéficie d'un cadre souple, qu'il est possible d'adapter sur mesure aux objectifs patrimoniaux et familiaux de chacun. Sa finalité est d'acheter ou de détenir un bien immobilier en commun, de le mettre à la disposition des associés, de le donner en location, de répartir ses revenus et, exceptionnellement, de le vendre ou de le transmettre. Accessoirement, elle permet aussi de bénéficier d'un avantage fiscal, à l'occasion de la transmission du patrimoine détenu.

Utilisée à bon escient, elle vous rendra de nombreux services, dans des situations variées. Son grand atout reste sa souplesse. Les statuts peuvent à peu près tout prévoir et déroger à l'organisation classique de la gestion en commun d'un immeuble. À la condition, toutefois, d'avoir été rédigés avec soin (voir p. 56).

Mais la SCI n'est pas le seul moyen d'organiser la gestion d'un patrimoine immobilier. Ainsi, la détention d'un bien unique dont le propriétaire se réserve l'usage ne justifie pas la mise en place d'une structure sociale. Ses atouts ne doivent pas non plus faire oublier qu'elle requiert un formalisme strict et coûteux lors de sa création et tout au long de sa vie. De plus, l'interposition d'une personne morale fait perdre certains avantages, expressément réservés aux personnes physiques : impossibilité pour la SCI d'utiliser les plans d'épargne logement de ses associés, par exemple. En outre, lorsque les biens loués relèvent d'un régime fiscal particulier (Scellier, Robien, Borloo, Besson ou Périssol), la donation de la nue-propriété des parts entraîne la remise en cause de l'avantage fiscal, sauf pour les immeubles relevant du régime Besson-ancien, ainsi que, à notre avis, du régime Borloo-ancien (*rép. min. n° 94878, JOAN du 27.2.07*).

Pour gérer efficacement son patrimoine

C'est dans ce domaine que la SCI rend les plus grands services, à condition d'être utilisée à bon escient.

Pour éviter l'indivision

L'indivision est le régime juridique ordinaire dans laquelle se trouvent ceux qui ont hérité d'un bien immobilier, ou l'ont acquis à plusieurs (voir p. 22). Cette situation peu confortable aboutit souvent à des blocages, pour la simple raison que la moindre décision exige l'accord des indivisaires représentant les deux tiers des parts indivises. Alors que dans une SCI, c'est le gérant qui assure la gestion courante du bien, dans les limites fixées par les statuts de la société. En outre, l'indivision présente un caractère précaire, chaque indivisaire pouvant à tout moment demander le partage des biens, ce qui n'est pas le cas de la SCI dont la durée est librement fixée à l'origine (dans la limite de 99 ans). La SCI permet aussi de se prémunir contre l'entrée de personnes indésirables, grâce à une clause d'agrément figurant dans les statuts. Alors qu'en cas de décès d'un indivisaire, ses héritiers font automatiquement partie de l'indivision.

Pour transmettre un patrimoine

La constitution d'une SCI permet de transmettre son patrimoine en douceur, qui plus est à moindre frais. Elle permet d'étaler dans le temps la transmission des parts sociales à ses enfants, soit en pleine propriété, soit en nue-propriété, et de bénéficier ainsi du renouvellement (tous les 6 ans) de l'abattement fiscal sur les droits de donation (voir p. 41).

La SCI permet aussi à des concubins de s'assurer que le survivant pourra continuer à occuper la résidence principale dont ils sont propriétaires. Les statuts sont alors rédigés de façon à laisser au survivant la qualité de gérant et l'exercice de certaines prérogatives, dont la jouissance du bien. Mais différents montages, complexes, sont également réalisables avec une SCI.

Pour isoler ses biens professionnels

La SCI est performante pour le chef d'entreprise ou le membre d'une profession libérale qui cherche à isoler le bien dans lequel il exerce sa profession des risques de son activité (voir p. 48). Le professionnel constitue une SCI avec son épouse ou un autre membre de sa famille. La SCI ainsi constituée achète à crédit les locaux dans lesquels s'exercera l'activité et accorde un bail à l'entreprise. Le loyer payé à la SCI constituera, pour l'entreprise, une charge d'exploitation déductible de son résultat. Le remboursement du prêt étant également assuré par le versement du loyer par le locataire.

Séparer les patrimoines professionnel et privé

Pourquoi créer une SCI ?

- Pour gérer efficacement son patrimoine
- **Pour isoler ses biens professionnels**
- **Les atouts de la SCI ne font pas de miracles**

La détention des locaux professionnels par l'intermédiaire d'une SCI permet aussi de mettre son patrimoine immobilier à l'abri des éventuels créanciers de l'entreprise. Ces derniers ne pouvant alors saisir que les parts sociales de leur débiteur. Or, la valeur de ces parts est calculée déduction faite du passif de l'entreprise (un emprunt souscrit pour l'achat du bien immobilier, par exemple). S'il saisit les parts, le créancier devient associé, mais il est fort probable qu'il sera soumis au préalable à l'agrément des autres associés, ce qui ralentit et complique sa démarche. Enfin, son but n'étant pas de posséder des parts de la SCI mais de se faire rembourser sa créance, le créancier cherchera à revendre les parts saisies. Ce qui sera impossible, faute de demande.

Préparer la transmission de l'entreprise

Loger l'immeuble professionnel dans une SCI peut permettre une vente plus aisée de l'entreprise. En effet, il est plus facile de trouver un acquéreur lorsque la cession ne porte que sur le seul fonds de commerce, le coût d'acquisition des murs étant souvent prohibitif. En outre, en conservant les murs le vendeur pourra continuer à percevoir les revenus des immeubles loués à l'entreprise qu'il cesse d'exploiter, complétant ainsi sa retraite. Ce qui lui permettra, le moment venu, de répartir plus facilement son patrimoine immobilier entre ses enfants.

Les atouts de la SCI ne font pas de miracles

Longtemps parée de toutes les vertus, dont celle de faire disparaître l'impôt, la SCI ne permet pas tous les arrangements, et surtout pas, comme on l'imagine parfois, d'échapper au fisc. Elle présente surtout de sérieux atouts pour la gestion et la transmission du patrimoine. Certes son régime fiscal est plutôt clément, mais n'attendez pas de miracles de ce côté-là.

La valeur des parts est inférieure à celle des immeubles

La finalité d'une SCI est souvent la transmission d'un patrimoine immobilier aux enfants. La valeur des parts sociales ne correspond pas nécessairement à la valeur cumulée des immeubles composant l'actif de la société. En cas de donation, la valeur des parts imposable aux droits de donation permet l'application d'une décote, due au fait qu'il n'existe pas un marché des parts sociales, comme il en existe un pour les immeubles, et qu'il est donc plus difficile de céder des parts sociales que de vendre un immeuble (à moins que la cession ne porte sur la totalité des parts).

De plus, du fait du traitement appliqué aux dettes contractées pour la réalisation de l'investissement, il est moins coûteux de donner des parts sociales que des immeubles. En effet, en cas d'acquisition d'un immeuble par la SCI au moyen d'un emprunt contracté par elle, la donation des parts sociales sera taxée uniquement sur la valeur de l'actif diminuée du passif (c'est-à-dire en déduisant le montant de l'emprunt à rembourser). Au contraire, lorsque le bien a été acquis directement par les associés au moyen d'un prêt, les droits de donation des parts sont dus sur la valeur brute de l'immeuble, donc sur un montant plus élevé.

Les associés assujettis à l'ISF bénéficient d'une décote

Chaque associé de la SCI assujetti à l'impôt de solidarité sur la fortune (ISF) doit inclure dans son patrimoine taxable la valeur des parts qu'il détient dans la société. Il est cependant possible d'appliquer une décote sur la valeur vénale de l'immeuble, pour tenir compte du fait que des parts de SCI sont plus difficiles à revendre qu'un logement. Cette décote peut être de l'ordre de 10 à 20% ; au-delà, l'administration risque de ne pas l'accepter. En revanche, vous ne pouvez pas appliquer l'abattement de 30% sur la valeur vénale de votre résidence principale, lorsqu'elle est détenue par l'intermédiaire d'une SCI.

Par ailleurs, notez qu'en cas de donation de la nue-propriété des parts de la SCI, l'usufruitier reste tenu de déclarer les parts pour leur valeur totale, sans pratiquer aucun abattement destiné à tenir compte du démembrement de propriété (*Cass. com. du 20.3.07, n° 05-16751*).

Attention, une importante réforme de la fiscalité du patrimoine est programmée pour la fin du premier semestre 2011. Parmi les pistes envisagées, une suppression de l'ISF est à l'étude. Mais elle ne devrait s'appliquer qu'à partir de 2012. Si vous êtes un assujetti, vous devez donc remplir une déclaration d'ISF en 2011.

Attention à l'abus de droit

La recherche d'un avantage fiscal est parfois l'un des motifs essentiels du recours à la SCI. Mais attention à la réaction de l'administration fiscale, qui veille à ce que la création de la société ne soit pas destinée uniquement à éluder ou atténuer les droits fiscaux. De telles pratiques peuvent être considérées comme frauduleuses et tomber sous le coup de l'abus de droit (*article L 64 du Livre des procédures fiscales – LPF ; BOI 13 L-9-10*).

La répression des abus de droit

Attention à l'abus de droit

- La répression des abus de droit
- Un avis préalable du fisc lève les risques

Le fisc peut établir l'abus de droit soit en démontrant que la société est fictive (les associés ne se réunissent jamais ou ne peuvent pas produire de documents comptables, par exemple), soit en prouvant qu'elle été constituée pour un motif purement fiscal.

Il n'est certes pas interdit d'avoir des motivations fiscales pour effectuer l'opération, mais elles ne doivent pas constituer la seule justification de l'opération. Ainsi, l'abus de droit est écarté si les associés peuvent justifier, par exemple, que la constitution de la SCI permet d'éviter les difficultés de gestion inhérentes à une indivision ou permettent d'adapter certaines règles civiles de succession.

Certains montages suscitent la méfiance du fisc

Le fisc nourrit une vive méfiance à l'égard des montages mêlant le démembrement de propriété d'un bien immobilier à la création d'une SCI : des parents apportent la nue-propriété d'un ou plusieurs biens immobiliers à une SCI, puis donnent les parts sociales à leurs enfants, se réservant ainsi l'usufruit du bien. Bien que ce schéma ne soit pas illicite en soi, le fisc risque de considérer que la création de la SCI et l'apport concomitant de la nue-propriété des biens immobiliers, immédiatement suivis de la donation des parts sociales aux enfants, dissimulent, en fait, la donation directe de la nue-propriété de l'immeuble. Selon le fisc, ce type d'opération est souvent motivé par la volonté de réduire les droits de donation. Dans ce cas, en effet, la valeur de la nue-propriété est inférieure à celle qui serait retenue en cas de donation directe de la nue-propriété du bien (l'usufruit étant calculé selon des critères économiques, et non pas selon le barème de l'article 669 du Code général des impôts ; voir p. 70). En outre, ce montage permet de bénéficier de la réduction des droits de donation (en fonction de l'âge du donateur), car la donation porte sur la pleine-propriété des parts de la SCI (alors qu'en fait, seule la nue-propriété du bien est transmise). Cependant, les juges ne partagent pas toujours l'avis du fisc. Ainsi, la Cour de cassation a estimé qu'une telle opération ne constituait pas un abus de droit, considérant que l'apport de la nue-propriété d'un immeuble à une SCI, suivi de la donation des parts aux enfants, présente un intérêt important sur le plan civil, qui s'oppose à toute idée d'abus de droit (*Cass. com. du 3.10.06, n° 04-14272*). Mais la prudence reste de mise et il est conseillé de recueillir l'avis d'un professionnel (notaire ou avocat), avant d'envisager la mise en place de l'opération.

Un abus avéré est sanctionné

Lorsqu'il est établi, l'abus de droit est sévèrement sanctionné par le fisc. En effet, celui-ci considère que la constitution de la société ne lui est pas opposable. Vous êtes alors redevable des droits fiscaux normalement dus pour l'opération, majorés d'un intérêt de retard de 4,80% l'an, et d'une amende pouvant aller jusqu'à 80% de leur montant.

Un avis préalable du fisc lève les risques

Afin de lever toute incertitude sur la régularité de l'opération envisagée, vous pouvez faire avaliser votre montage par l'administration. En effet, la procédure d'abus de droit n'est pas applicable si vous avez consulté au préalable l'administration fiscale par écrit (*article L 64 B du LPF*). Pour utiliser cette procédure dite de « rescrit », vous devez fournir au fisc tous les éléments nécessaires à l'appréciation de la portée véritable de l'opération.

Dans quels cas demander le rescrit ?

Le rescrit « abus de droit » peut-être demandé lorsque vous envisagez un montage juridique complexe, susceptible d'être contesté par le fisc pour abus de droit, en raison de ses implications fiscales. Il se peut que l'administration ait déjà pris position sur un cas identique à celui que vous désirez lui soumettre. Pour le vérifier, vous pouvez consulter les décisions déjà publiées sur le site *http://doc.impots.gouv.fr* (cliquez sur « Recherche avancée », puis cochez « rescrit »).

Quand et comment demander le rescrit ?

Le rescrit « abus de droit » doit être demandé avant la conclusion du contrat ou la signature de la convention envisagée, par lettre recommandée avec avis de réception adressée à : « Direction générale des impôts – Service juridique, 139, rue de Bercy – 75574 Paris Cedex 12 ». Votre demande doit comporter un exposé clair de l'opération

LES DANGERS DE LA LOCATION À SOI-MÊME

Parmi les montages que le fisc voit d'un mauvais œil, figure le cas du propriétaire qui apporte sa résidence principale à une SCI et continue de l'occuper en qualité de locataire (voir p. 36). Certes, il doit déclarer dans ses revenus fonciers le loyer perçu par la SCI. Mais, surtout, l'opération lui permet de déduire des charges (des travaux, notamment) et de générer un déficit déductible de son revenu global, ce qui n'est pas possible pour une résidence principale. La création de la SCI lui permet donc d'obtenir des avantages dont il n'aurait pas bénéficié sans elle. L'abus de droit est caractérisé lorsque la participation des autres associés au capital est symbolique et que l'actif de la société est composé d'un seul bien immobilier. Peu importe, en revanche, que le loyer soit fixé à un niveau normal (*CE du 11.10.91, n° 65144*) La procédure d'abus de droit peut aussi être mise en œuvre par le fisc lorsque la location porte sur une résidence secondaire (*BOI 13 L-1-02, affaire n° 2001-10*).

envisagée, la désignation et les coordonnées de toutes les parties au projet, les liens entres elles, et joindre la copie de tout document utile à l'appréciation de la situation. Demandez si votre analyse de la situation recueille l'accord de l'administration. La demande doit être signée par au moins une des parties à l'acte ou par un représentant habilité (avocat ou notaire, par exemple). Vous pouvez télécharger un modèle de demande de rescrit sur *www.impots.gouv.fr* (saisir « abus de droit » dans la fenêtre de recherche).

Le fisc a 6 mois pour vous répondre

Il vous répond sans émettre d'objection : l'administration fiscale est alors engagée et ne peut pas mettre en œuvre la procédure de répression des abus de droit. À condition cependant que les renseignements fournis aient été exacts et complets, et que l'opération mise en œuvre corresponde à celle décrite dans votre demande. Attention, l'administration conserve la possibilité de contester l'opération sur un fondement autre que cette procédure. Par exemple, sans contester que votre opération est bien une donation, elle peut remettre en cause la façon dont les droits de donation ont été calculés.

Il vous répond, mais ne partage pas votre analyse : vous pouvez néanmoins décider de réaliser l'opération envisagée, soit dans les conditions soumises au fisc, soit dans des conditions différentes. Mais l'administration pourra la contester, au titre de l'abus de droit ou à tout autre titre.

Il ne vous répond pas : passé 6 mois à compter du jour de réception de votre demande, la procédure d'abus de droit ne sera pas applicable à l'opération décrite dans votre demande (sous les mêmes réserves que celles indiquées précédemment en cas de réponse positive).

CHAPITRE 2

Gérer son patrimoine

Éviter les blocages de l'indivision

Recourir à une SCI pour gérer son patrimoine peut apparaître opportun dans de multiples hypothèses. Traditionnellement, l'utilisation d'une SCI permet une gestion mieux organisée et plus pérenne du patrimoine, par comparaison avec la situation d'un bien en indivision.

Les lourdeurs de gestion de l'indivision

Lorsque les membres d'une même famille possèdent ensemble un ou plusieurs biens immobiliers de manière directe, c'est-à-dire lorsque le bien n'est pas situé dans un patrimoine distinct du leur, on dit que le ou les immeubles obéissent au régime de l'indivision. Or, la souplesse de gestion n'est pas la principale vertu de l'indivision. La règle légale, assouplie par la loi en 2006, impose le principe d'une gestion par le ou les indivisaires titulaires d'au moins deux tiers des droits indivis (*article 815-3 du Code civil*).

Attention, si vous devez accomplir un acte qui va au-delà de l'exploitation normale des biens (la vente d'un immeuble indivis, par exemple), le projet doit recueillir l'assentiment de tous les indivisaires (règle de l'unanimité). Les indivisaires détenant au moins les deux tiers des droits dans l'indivision peuvent cependant demander au tribunal de grande instance d'écarter la règle de l'unanimité et d'autoriser la vente (*article 815-5-1 du Code civil*).

Tout indivisaire peut demander le partage du bien

L'un des inconvénients majeur de l'indivision est son caractère précaire. En effet, selon la formulation du Code civil, « nul ne peut être contraint à demeurer dans l'indivision » (*article 815*). En d'autres termes, si l'un des membres de l'indivision (appelé « indivisaire ») souhaite sortir de cette situation juridique, il peut provoquer le partage, même si le juge saisi, le cas échéant, peut prononcer une mesure de sursis stabilisant temporairement l'indivision.

Cette perspective d'une demande en partage diligentée par l'un des indivisaires provoque bien souvent des problèmes en pratique. En effet, les indivisaires subissent la situation et doivent y remédier, soit en rachetant les droits indivis du ou des indivisaires « sortants », soit en acceptant la vente de l'immeuble indivis, suivie du partage du prix entre les indivisaires. On peut observer, à cet égard, que toute mesure de partage donne lieu à la perception d'une fiscalité particulière : le droit de partage, égal à 1,10% de la masse partagée. Toutefois, l'exigibilité de ce droit peut être écartée en cas de vente d'immeuble, lorsque l'acte authentique de vente prévoit une répartition immédiate du prix de vente.

Les atouts de l'indivision

Bien que non pérenne par nature, l'indivision n'est pas dépourvue d'avantages. En premier lieu, ce régime constitue le principe en cas d'acquisition d'un immeuble entre plusieurs personnes, ou en cas de transmission par décès (on parle alors d'indivision successorale), et ne nécessite aucun acte particulier pour être généré. De manière synthétique, il est possible d'affirmer que l'indivision a, pour le moins, le mérite de la simplicité. En second lieu, le défaut de stabilité de l'indivision peut être partiellement écarté, grâce au recours à une convention d'indivision.

Rédiger une convention d'indivision

L'adoption d'une convention d'indivision permet aux indivisaires, s'ils y consentent unanimement, de poser par écrit une obligation de demeurer dans l'indivision pendant une durée déterminée ou indéterminée.

La durée de l'indivision

Lorsque la convention a une durée indéterminée, elle n'est en réalité que d'une utilité relative. Certes, elle permet une gestion plus efficace des droits indivis, mais il est possible, pour chaque indivisaire, de résilier la convention à tout moment, moyennant le respect d'un éventuel délai de préavis. L'objectif de stabilité, qui préside à la création de la convention d'indivision, n'est donc que peu garanti dans une telle hypothèse.

En revanche, la stabilité est plus grande lorsque la convention d'indivision est conclue pour une durée déterminée, laquelle ne peut toutefois pas être supérieure à cinq années. Les indivisaires doivent alors, en principe, rester dans le cadre de l'indivision jusqu'au terme de la convention. Ainsi, plus la durée de la convention est longue, plus la pérennité de l'indivision se trouve assurée. Néanmoins, le principe souffre une exception : même dans l'hypothèse d'une convention d'indivision à durée déterminée, il existe une forme de précarité : l'un des indivisaires peut demander le partage de l'indivision avant le terme convenu, dès lors qu'il peut se prévaloir de justes motifs (*article 1873-3 du Code civil*).

Désigner un gérant de l'indivision

Lorsque les indivisaires recourent à une convention d'indivision pour stabiliser leurs rapports, ils peuvent nommer un gérant, choisi, ou non, parmi eux. Les modalités de désignation et de révocation du gérant peuvent être déterminées par une décision unanime des indivisaires. Le gérant représente alors ces derniers, en respectant les éventuelles limitations de pouvoirs qui lui ont été imposées par la convention d'indivision ou dans son acte de nomination. Il administre l'indivision mais il ne dispose pas du pouvoir de céder des immeubles possédés par elle. Pour cela, le consentement unanime de tous les indivisaires est requis (voir p. 22).

Les avantages du recours à la SCI

Lorsqu'une SCI est constituée entre les indivisaires pour se substituer à l'indivision, deux situations peuvent se présenter : l'indivision existe déjà, et il s'agit de la stabiliser en ayant recours à une société ; l'acquisition de l'immeuble n'a pas encore eu lieu, et il est possible de procéder à l'acquisition via une SCI, plutôt que par le recours à une simple indivision. Dans les deux hypothèses, il faut déterminer avec rigueur s'il existe un intérêt à créer une SCI de gestion.

La SCI repose sur un contrat entre les associés

À l'opposé de l'indivision, la SCI repose sur un contrat d'une durée initiale pouvant aller jusqu'à 99 années (au lieu de 5 années au maximum pour une convention d'indivision). L'avantage n'est pas moindre en termes de stabilité de la structure de gestion d'un immeuble, particulièrement si celle-ci emprunte de l'argent auprès d'un établissement bancaire dans le but de financer l'acquisition de l'immeuble. En effet,

DANS UNE SCI, L'IMMEUBLE EST DÉTENU INDIRECTEMENT PAR LES ASSOCIÉS

Concernant les droits des propriétaires sur le bien, le passage de l'indivision à la SCI conduit à la mise en place d'un système de détention indirecte des biens, en remplacement d'un système de détention directe. Autrement dit, les indivisaires possèdent des droits indivis sur l'immeuble, tandis que les associés d'une SCI possèdent des droits divis (en principe) sur des parts sociales : c'est la société qui détient l'immeuble. Les indivisaires, devenus associés, détiennent chacun une part du « gâteau social », c'est-à-dire des parts sociales représentatives du montant de leur apport en nature (dans l'hypothèse où l'indivision sur l'immeuble préexistait par rapport à la constitution de la société). L'évaluation des parts sociales d'une SCI obéit à des critères plus souples que celle des droits indivis. Ceci produit diverses conséquences, dont les effets sont principalement perceptibles au stade de la transmission des droits (voir p. 41).

la durée du remboursement est alors rarement inférieure à 15 années, ce qui s'accommode mal avec la survenance d'un partage prématuré.

Les statuts déterminent son fonctionnement

Dans une SCI, les statuts permettent la mise en place d'une structure dont l'organisation est définie de manière souple. En matière de gestion, la société est administrée par un gérant (ou par plusieurs gérants), qui détient des pouvoirs beaucoup plus larges que le gérant d'une indivision (lorsqu'il en existe un). Même si le gérant d'une SCI peut se voir imposer, dans le cadre des relations internes à la société, des limitations de pouvoirs, ses prérogatives demeureront relativement larges à l'égard des tiers : le gérant engage la société par les actes entrant dans l'objet social (*article 1849 du Code civil*). En pratique, il est possible de prévoir, par une définition large de l'objet social de la société, que le gérant de la SCI aura le pouvoir de vendre seul l'immeuble social, ou encore d'en acquérir un autre par le biais d'un remploi du prix de vente (à l'inverse, un objet social défini de manière très étroite entraînera une diminution des pouvoirs du gérant). Ceci ne sera, en revanche, jamais possible dans le cadre d'une convention d'indivision : l'accord unanime des indivisaires est toujours requis pour aliéner un immeuble.

LES DIFFÉRENTS MODES DE DÉTENTION D'UN BIEN IMMOBILIER

	Indivision seule	Indivision + convention d'indivision + gérant	Société civile immobilière (SCI)
Durée	Jusqu'à une demande en partage émanant d'un ou plusieurs indivisaires.	Si la convention est à durée indéterminée, l'indivision prend fin par l'effet d'une demande en partage formulée par un ou plusieurs indivisaires. Si la convention est à durée déterminée, sa durée maximale est de 5 années, renouvelable avec l'accord unanime des indivisaires.	Les statuts prévoient librement la durée de la société, avec un maximum de 99 années. La prorogation peut être décidée par une décision unanime (en principe) des associés.
Stabilité	Précarité totale : partage sur demande de l'un quelconque des indivisaires.	Précarité relative : la convention d'indivision, même à durée déterminée, peut toujours être rompue si l'un des indivisaires invoque un juste motif.	Sécurité : l'un des associés ne peut provoquer, à sa seule initiative, la dissolution de la société. La dissolution reste possible si les associés s'accordent sur ce principe, ou encore sur décision judiciaire.
Gestion courante de l'immeuble	Par les indivisaires se prononçant à une majorité représentant au moins les 2/3 des droits indivis.	Par le gérant nommé par les indivisaires.	Par le gérant (ou les gérants) agissant seul, sauf si les statuts imposent des clauses internes de limitation des pouvoirs.
Vente de l'immeuble	Unanimité des indivisaires (sauf demande en justice d'autoriser la vente ; voir p. 22).	Unanimité des indivisaires.	Variable en fonction de la formulation de l'objet social et de la rédaction des statuts : possibilité de reconnaître ce pouvoir au gérant seul, ou à l'assemblée des associés.

Aménager son régime matrimonial

Parce qu'elle permet la création d'un patrimoine distinct de celui des époux, la SCI permet à ces derniers d'aménager leur régime matrimonial : soit en autorisant l'acquisition d'un bien propre de valeur importante par l'un des époux, alors même qu'il ne détient pas suffisamment de fonds propres ; soit en permettant à la communauté des époux d'acquérir le bien propre de l'un d'entre eux.

Une SCI pour acquérir un immeuble propre

Lorsque l'un des époux souhaite, pour une raison particulière, faire l'acquisition d'un immeuble qui lui serait propre (et non pas commun), il peut utiliser des fonds propres en prenant soin d'établir une déclaration de remploi, complétés éventuellement par le recours à un emprunt bancaire. Une telle nécessité apparaît fréquemment lorsque l'un des époux souhaite acquérir en son nom propre l'immeuble abritant ses activités professionnelles.

L'emprunt est remboursé par la communauté

Dans ce cas, la communauté des époux acquiert un droit à récompense, dont le montant est réévalué en fonction de la valeur de l'immeuble. Ainsi, à l'issue du remboursement de l'emprunt, l'époux acquéreur risque fort de devoir à la communauté un montant très important (surtout dans l'hypothèse où les fonds propres employés lors de l'achat de l'immeuble seraient d'un montant faible, comparativement à ceux injectés par la communauté des époux).

Les parts sociales sont propres

Pour contourner cette difficulté, l'époux acquéreur peut constituer une SCI, aux côtés d'un associé minoritaire (la société ne pouvant être constituée avec un seul associé) qui peut être l'autre époux ou une tierce personne. Un capital social faible est alors opportunément souscrit, dont la libération (voir p. 71) est permise grâce au remploi des fonds propres. De ce fait, toutes les parts sociales rémunérant l'apport en numéraire réalisé par l'époux ayant la volonté d'acquérir lui sont propres. Le cas échéant, les fonds communs utilisés pendant la vie de la société (pour compléter la différence entre le montant des loyers perçus par la société et celui des échéances de l'emprunt bancaire, par exemple) constituent des dettes de la société, inscrites en compte courant d'associé. Le principal avantage par rapport à la situation exposée antérieurement (absence de SCI) apparaît en matière de remboursement de la créance de la communauté. La SCI devra rembourser le montant du compte courant d'associé, lequel ne sera pas réévalué en fonction de la valeur de l'immeuble. Tout au plus sera-t-il possible, pour les associés, de décider que les comptes courants d'associés seront productifs d'intérêts au profit de leur titulaire (dans la limite d'un plafond fiscal). Par conséquent, l'éventuelle plus-value constatée sur l'immeuble acquis ne profitera qu'à l'époux associé.

Une SCI pour acquérir un immeuble commun

La SCI peut également être utilisée par la communauté des époux pour acquérir un bien figurant dans le patrimoine propre de l'un des époux. Dans cette hypothèse, la SCI est constituée entre les époux, le capital social étant souscrit grâce à l'emploi de fonds communs. L'époux propriétaire n'apporte pas le bien à la société, mais le lui vend, ce qui permet à cet époux d'encaisser un prix de vente et de ne pas altérer la valeur de ses biens propres (seule la structure de ses biens propres change, des liquidités remplaçant un bien immobilier dans le patrimoine de l'époux).

Acheter en couple sans être marié

La SCI possède d'autres atouts, moins connus, notamment en matière d'acquisition par des concubins d'un bien immobilier. En effet, lorsque deux personnes vivent en couple, sans être mariées ou pacsées, et souhaitent faire l'acquisition d'un immeuble (qu'il soit destiné à la résidence principale, la résidence secondaire, ou encore à un investissement locatif), elles souhaitent le plus souvent que, postérieurement au décès de l'une d'elles, le survivant jouisse pleinement du bien immobilier et des revenus qu'il est susceptible de générer, jusqu'à son propre décès.

Cette volonté s'avère problématique sur le plan fiscal, dans la mesure où les concubins sont traités comme des tiers l'un par rapport à l'autre, et non comme des conjoints mariés, ni des membres d'une même famille.

Le démembrement croisé des parts sociales

Pour contourner l'obstacle fiscal, il peut être suggéré de recourir à la constitution d'une SCI, couplée à une opération communément appelée « démembrement croisé » des parts sociales.

Chaque concubin reçoit l'usufruit ou la nue-propriété des parts de l'autre

Le démembrement croisé suppose d'abord la constitution de la société. Puis, chacun des concubins échange la nue-propriété ou l'usufruit des parts sociales qui lui ont été initialement attribuées, contre l'usufruit ou la nue-propriété des parts sociales attribuées à l'autre (voir exemple ci-dessous).

Le choix au niveau de l'assiette de l'échange (c'est-à-dire l'option entre l'échange de l'usufruit et celui de la nue-propriété des parts sociales), se fera en considération de la fiscalité applicable en matière d'échange. En effet, lorsque l'échange est constaté, il donne lieu au versement d'un droit de 5% sur la valeur de l'un des lots (en supposant que les deux lots échangés soient équivalents, ce qui permet de ne pas engendrer le versement d'une soulte). Le montage retenu sera celui qui, fiscalement, se révèlera le moins onéreux.

Exemple de démembrement croisé des parts de la SCI

Catherine, qui a deux enfants issus d'un premier lit, et Fabien, sans enfant, vivent en concubinage. Ils souhaitent acquérir ensemble leur résidence principale, sans toutefois changer la dévolution successorale future de leur patrimoine. Ainsi, Fabien ne souhaite pas que ses biens reviennent aux deux enfants de sa concubine, mais préférerait qu'ils soient transmis à sa famille, ou à un éventuel enfant commun.

En outre, les deux concubins désirent qu'en cas de décès de l'un deux, le survivant puisse se maintenir dans les lieux, voire qu'il ait la possibilité de les louer et d'en percevoir seul les loyers.

Le recours à une SCI, constituée à 50/50 entre eux, avec démembrement croisé des parts sociales peut leur être proposé.

Si les concubins sont jeunes, il sera préférable de procéder à un échange de la nue-propriété des parts sociales, car celle-ci aura une valeur fiscale moindre (plus l'espérance de vie d'une personne est importante, plus l'usufruit a une valeur élevée ; voir tableau p. 70).

Au décès de l'un des concubins, le survivant détiendra la pleine propriété de la moitié des parts sociales, et l'autre moitié des parts en usufruit. Au second décès, les deux enfants de la concubine détiendront ensemble 50% des parts sociales, et les héritiers de Fabien les 50% restants. Au final, la dévolution successorale n'aura donc pas été affectée par le montage retenu.

Le démembrement produit ses effets au décès du premier des concubins

Dès lors qu'interviendra le décès de l'un des deux concubins, le démembrement croisé produira ses effets. Le survivant se trouvera pleinement propriétaire de la moitié des parts sociales de la société, et usufruitier du reste. Ainsi, il pourra librement percevoir les fruits générés par l'immeuble.

Organiser le démembrement des parts

Les prérogatives du survivant peuvent encore être nettement augmentées grâce à des statuts rédigés de manière adéquate.

Désigner le concubin survivant gérant de la SCI

Il semble opportun que le survivant soit gérant de la société, sans avoir à convoquer d'assemblée des associés postérieurement au décès. Pour ce faire, il est possible, dans les statuts, de stipuler que les deux associés (les deux concubins) sont nommés en qualité de gérants pour la durée de la société. Grâce à cette stipulation statutaire, les deux concubins exerceront leurs prérogatives de gérance de manière concurrente. Ils pourront chacun bénéficier pleinement des pouvoirs attachés à la gérance, sans devoir solliciter le concours de l'autre gérant (*article 1849 du Code civil*), jusqu'au décès de l'un des deux. Ensuite, le gérant survivant sera seul aux commandes de la société. Les héritiers du concubin prédécédé, devenus nus-propriétaires de la moitié des parts sociales, ne pourront pas révoquer le gérant en place, dès lors qu'ils ne disposent pas de la majorité requise pour réaliser une telle opération. De la même manière, ils ne pourront en principe pas obtenir la désignation d'un second gérant. Ne leur restera que la faculté de demander en justice la révocation judiciaire du gérant. Néanmoins, une telle révocation ne pourra être prononcée par le juge qu'en présence d'une cause légitime, dont l'existence ne sera pas évidente. En effet, celle-ci doit être appréciée en considération de l'intérêt social, lequel n'est pas nécessairement le même que l'intérêt d'un groupe d'associés.

Renforcer les pouvoirs de l'usufruitier

Ensuite, les droits de l'associé survivant pourront être renforcés par l'adoption d'une clause statutaire de répartition des pouvoirs, entre l'usufruitier et le nu-propriétaire de parts sociales, particulièrement favorable à l'usufruitier. Statutairement, l'usufruitier peut, aux termes d'une jurisprudence stable depuis quelques années, se voir attribuer la totalité du droit de vote dans l'ensemble des décisions collectives ; le droit du nu-propriétaire de participer aux assemblées devant toutefois être garanti (le nu-propriétaire des parts sociales devra notamment être convoqué en cas de réunion d'une assemblée générale).

Gérer un patrimoine locatif

La notion de SCI familiale, fréquemment employée, renvoie à plusieurs situations, concernant la définition de la sphère familiale. Le droit des baux à usage d'habitation, à travers la loi du 6 juillet 1989, définit la SCI de famille, pour lui associer des règles juridiques particulières. Mais, lorsqu'elle n'entend pas particulièrement bénéficier de ces dernières règles, la SCI familiale peut avoir pour associés des personnes parfois très éloignées : on s'attache alors plus aux liens affectifs qu'au degré de parenté.

Constituée en famille, la SCI peut être très utile, tant pour mettre fin à une situation d'indivision existant avant la création de la société (celle née à la suite du décès d'un ascendant, par exemple), que pour éviter la création d'une telle indivision lorsque les membres d'une même famille veulent acquérir ensemble un immeuble (une résidence secondaire, par exemple).

LA SCI FAMILIALE ET LES BAUX D'HABITATION

La location, par l'intermédiaire d'une SCI familiale, de logements non meublés destinés à la résidence principale du locataire (ou à un usage « mixte », habitation principale et usage professionnel), fait l'objet de dispositions spécifiques, insérées dans la loi du 6 juillet 1989 qui s'applique obligatoirement à ce type de location (voir p. 103). Dans ce texte, la société civile constituée exclusivement entre parents et alliés jusqu'au quatrième degré inclus (c'est-à-dire jusqu'aux cousins germains) n'est pas traitée comme les autres personnes morales. Au contraire, elle est, le plus souvent, davantage assimilée à une personne physique. Ainsi, alors que les autres sociétés doivent consentir des baux d'habitation pour une durée minimale de 6 ans, la durée des baux d'habitation consentis par une SCI familiale peut être limitée à 3 ans. En outre, alors que les associés des autres sociétés n'ont pas la possibilité de reprendre les locaux loués en délivrant congé pour les occuper personnellement, une telle faculté est ouverte aux associés d'une SCI familiale (*article 13 de la loi n° 89-462 du 6 juillet 1989*).

La SCI pour gérer un patrimoine familial existant

La société civile immobilière peut permettre de gérer une indivision familiale, constituée lors d'une succession, par exemple. Dans cette situation, les héritiers apportent leurs droits à la société, afin que la propriété de l'immeuble qui leur a été transmis par décès soit réunie entre les mains de la SCI. Cela permet une gestion plus souple de l'immeuble, le recours à la société permettant notamment d'écarter la règle de l'administration par les indivisaires détenant au moins les deux tiers des droits indivis (*article 815-3 du Code civil*). La détention par la SCI autorise aussi la vente éventuelle de l'immeuble, selon les règles définies dans les statuts, et qui peuvent être moins rigides qu'en indivision, où l'unanimité est exigée pour réaliser ce type d'acte.

Lorsque l'immeuble, avant le décès ayant donné naissance à l'indivision, appartenait en entier au défunt, bien qu'il ait été composé de plusieurs lots (plusieurs appartements loués à usage d'habitation, par exemple), la « mise en société » de l'immeuble par les indivisaires permet d'attribuer à chacun des droits divis (incarnés par les parts sociales), qu'ils pourront conserver, transmettre ou vendre par la suite... tout en évitant les effets néfastes d'un partage de l'indivision en plusieurs lots, qui conduirait à la mise en copropriété de l'immeuble familial (solution plus onéreuse).

La SCI pour constituer un patrimoine familial

La société civile immobilière peut également faciliter l'acquisition d'un immeuble en famille. À nouveau, la SCI permettra d'éviter le régime contraignant de l'indivision. Là encore, l'achat de l'intégralité d'un immeuble composé de plusieurs lots évitera parfois le recours à une fastidieuse mise en copropriété de l'immeuble. Mais surtout, la création d'une société civile va permettre de garantir le maintien du bien dans un cadre familial restreint, par le jeu des clauses d'agrément (voir p. 42).

Exemple de constitution d'un patrimoine familial

Deux frères, Éric et Pierre, s'entendent très bien. Ils envisagent d'acquérir un immeuble à usage locatif (5 lots, tous déjà loués) situé dans le centre de Nancy. En raison du coût d'acquisition élevé, ils souhaitent permettre à leur cousin, Michel, de participer à l'opération. En revanche, ils ne souhaitent pas autoriser l'entrée dans la société d'un associé étranger à leur famille sans l'avoir tous accepté expressément. Pour réaliser leur opération, l'indivision ne constitue pas un régime suffisamment souple, structuré et pérenne. Une SCI peut être créée, dont les statuts prévoiront la nécessité d'obtenir l'agrément unanime des autres associés (ceux dont les parts ne sont pas transmises ou cédées) en cas de transmission ou de cession des parts sociales.

La « vente à soi-même »

Cette technique peut être utilisée dans l'optique de permettre une optimisation fiscale à l'issue du remboursement du prêt bancaire ayant servi à l'acquisition du patrimoine géré.

Des personnes qui font l'acquisition d'un immeuble à usage locatif peuvent légitimement en attendre un rendement financier optimal. Si le bien immobilier a été acheté, en tout ou partie, en ayant recours à un emprunt bancaire, les intérêts de cet emprunt sont déductibles, en tant que charges, du montant des revenus locatifs perçus. Au final, l'assiette de l'impôt sur le revenu se trouve donc diminuée (voir p. 120). À l'issue du remboursement de l'emprunt contracté pour l'acquisition de l'immeuble, les charges déductibles sont mécaniquement amoindries, dans la mesure où elles ne comprennent plus d'intérêts d'emprunt. Le montant de l'imposition supportée par les propriétaires de l'immeuble, dès lors calculé sur la base d'une assiette plus large, augmente.

Le propriétaire vend son bien à la SCI

Pour générer à nouveau un volant de charges déductibles, et diminuer ainsi leur impôt sur le revenu, les propriétaires peuvent choisir de vendre leur immeuble locatif à une SCI, dont ils sont associés : la vente est réelle, car la société constitue une personne distincte

Le versement du prix de vente doit être effectif

Si le prix de la vente est réellement versé, la validité de l'opération n'est pas contestable sur le plan civil : les propriétaires sortent le bien de leur patrimoine, en le vendant à une personne morale dotée de son propre patrimoine, incarnée par la société civile immobilière de gestion. Ce ne sont donc pas les mêmes personnes qui vendent et qui achètent. Ceci étant, du fait de l'esprit du montage, on désigne communément cette opération comme une « vente à soi-même ».

Ne délivrez pas congé au locataire

Il est opportun de rappeler qu'à l'occasion de la vente d'un immeuble loué, un droit de préemption est parfois ouvert, au profit du ou des occupants de locaux à usage d'habitation. Dans une opération de « vente à soi-même », le maintien du locataire dans les lieux est souhaité. Le vendeur n'a donc aucun intérêt à délivrer un congé pour vendre l'immeuble au locataire : un tel congé mettrait en effet fin au bail et donnerait la priorité au locataire pour l'acquisition de son logement (*article 15 de la loi du 6 juillet 1989*).

Mais, même en l'absence de congé pour vendre délivré au locataire, celui-ci bénéficie, dans certains cas, d'un droit de préemption sur le bien vendu à la société (*loi n° 75-1351 du 31 décembre modifiée*). Le notaire, naturellement appelé à intervenir s'agissant d'une vente d'immeuble, sera parfaitement à même d'identifier ces problèmes lorsqu'ils existent.

L'opération ne constitue pas un abus de droit

Si le montage n'est pas contestable sur un plan juridique, on pourrait penser qu'il constitue un abus de droit sur le plan fiscal (voir p. 17). Mais la logique d'abus de droit peut être efficacement combattue.

La société ne doit pas être fictive

La reconnaissance d'une situation d'abus de droit au sens fiscal supposerait que l'administration fiscale puisse démontrer que la société est fictive, ou encore que le montage poursuit un but exclusivement fiscal

La fictivité de la société est vraisemblablement l'argument le plus facile à combattre. Si la SCI à laquelle est vendu l'immeuble fonctionne normalement (en encaissant les loyers et en s'acquittant de ses charges, en convoquant l'assemblée des associés au moins une fois par an pour adopter les comptes et prendre une décision relative à la répartition du bénéfice comptablement dégagé), elle œuvre en faveur de la réalisation de son objet social, et ne peut donc être fictive.

L'intérêt de l'opération ne doit pas être uniquement fiscal

Concernant la nécessité de déterminer si une opération de « vente à soi-même », réalisée au profit d'une SCI, poursuit un but exclusivement fiscal, plusieurs raisons peuvent être invoquées pour justifier que la création de la SCI remplit d'autres objectifs que le seul contournement de la fiscalité. En premier lieu, les vendeurs de l'immeuble ont un intérêt pécuniaire non fiscal à la réalisation de l'opération : ils encaissent un prix de vente, qui leur permet d'améliorer leur trésorerie. La « vente à soi-même » apparaît, à cet égard, comme une modalité d'arbitrage patrimonial. En second lieu, la création d'une société civile immobilière peut éventuellement être accompagnée de la participation au capital social de descendants, ou encore de tiers. Dans le premier cas, une volonté de transmission viendra s'adjoindre à l'ensemble. Dans le second, une volonté d'association et de partage du risque inhérent à toute exploitation d'un immeuble existera.

La « vente à soi-même »

Le propriétaire vend son bien à la SCI

L'opération ne constitue pas un abus de droit

Attention aux montages litigieux

En synthèse, l'abus de droit fiscal n'est pas une caractéristique évidente du montage dénommé « vente à soi-même ». Ceci ne signifie pas pour autant que l'abus de droit ne puisse jamais être caractérisé. Même si la jurisprudence n'est pas dense en la matière, on ne peut que déconseiller l'emploi de certains montages tendant à pousser trop avant la logique d'optimisation fiscale. Il en va ainsi de l'hypothèse où les vendeurs utiliseraient l'intégralité du prix de vente versé par la SCI qui acquiert le logement, pour garantir la créance de l'établissement bancaire ayant justement prêté des fonds à cette société. Dans cette situation, en effet, la logique d'arbitrage patrimonial légitime, dont nous avons souligné qu'elle pouvait constituer un rempart efficace à l'encontre de la caractérisation d'un abus de droit au sens fiscal, se trouve nettement atténuée.

Exemple de montage en cas de « vente à soi-même »

Les époux Martin ont acquis en 1996 un appartement à usage locatif situé à Lille, pour la somme de 76 225 €. L'opération a été entièrement financée par un emprunt bancaire contracté pour une durée de 15 années. Ils s'acquittent encore du remboursement des échéances du prêt, pour un montant de 630 € mensuel. L'emprunt sera entièrement remboursé au cours de l'année 2011.
En constituant entre eux une SCI en 2011, chargée d'acquérir l'appartement, Monsieur et Madame Martin vont à nouveau générer des charges déductibles, et s'enrichir en percevant le prix de vente du bien à sa valeur actuelle sur le marché, évaluée à 200 000 €.
Dans un second temps, ils pourront envisager une donation de la nue-propriété de tout ou partie des parts sociales de la SCI, au profit de leur fils Louis, âgé de 20 ans. Ainsi, l'assiette de la donation sera moindre (grâce à l'emprunt contracté, la valeur des parts de la société sera faible), et les parents continueront à percevoir les revenus issus de la location de l'appartement.

Acheter sa résidence principale en SCI

La question de l'intérêt de l'acquisition de la résidence principale par le biais d'une société civile immobilière de gestion est fréquemment soulevée. La réponse varie en fonction de la situation des acquéreurs.

Un montage à proscrire ?

Lorsque les acquéreurs de l'immeuble sont des concubins, ils peuvent avoir intérêt à constituer une SCI, afin de pouvoir procéder à une opération de démembrement croisé des parts sociales et de permettre au survivant (à la suite du décès de l'un d'eux), de jouir paisiblement de la résidence jusqu'à son propre décès. Cette opération est détaillée p. 28.
Lorsque les acquéreurs de l'immeuble sont mariés, ont-ils le même intérêt ? À l'évidence non, si le but poursuivi est uniquement de permettre la jouissance des locaux au profit du survivant, en cas de décès de l'un des conjoints : l'article 764 du Code civil offre déjà un droit d'usage et d'habitation au conjoint survivant, même si l'habitation principale des époux appartenait en propre au conjoint décédé.

En revanche, le recours à une société civile immobilière peut permettre à des époux d'acquérir leur résidence principale dans des quotités librement définies lors de la constitution, qui contrarient le jeu naturel du régime matrimonial.

Exemple de constitution d'une SCI entre époux

Monsieur et Madame Boulanger sont mariés sans contrat de mariage. Ils relèvent donc du régime de la communauté légale. Madame possède quelques fonds propres donnés par ses parents, tandis que Monsieur, bien qu'il ait une activité professionnelle lucrative, n'a guère de biens propres. Pour respecter la philosophie imprimée par les parents de Madame Boulanger, les époux souhaitent que l'immeuble acquis appartienne à 80% à Madame. Ils peuvent alors constituer une SCI en faisant souscrire par Madame 80% des parts sociales.

Les dangers de la location à soi-même

Acheter sa résidence principale en SCI

Un montage à proscrire ?

Les dangers de la location à soi-même

Que les acquéreurs d'un bien immobilier soient mariés ou non, la SCI permet-elle à ses associés d'acquérir leur résidence principale et de déduire les intérêts de l'emprunt bancaire contracté pour son financement, ainsi que le montant des travaux d'entretien, de réparation ou d'amélioration ? Cette interrogation est souvent formulée lorsqu'est recherché l'intérêt de constituer une société civile immobilière. En effet, des acquéreurs ne sauraient hors société déduire ces charges : la déduction de ces dépenses n'est possible que si l'immeuble est loué... or, sur le plan civil, bailleurs et locataires ne peuvent être les mêmes personnes ! La création d'une SCI permettrait donc théoriquement de contourner cet obstacle, en jouant sur la personnalité morale de la société. Le bailleur serait le propriétaire du bien, c'est-à-dire la société (même si les époux ou concubins sont les seuls associés de la SCI), tandis que les locataires seraient les époux, les partenaires de pacs ou les concubins eux-mêmes. Mais attention, en dépit de la validité du procédé sur le plan civil, l'aspect fiscal de l'analyse nous conduit à déconseiller vivement l'utilisation de ce montage, qui paraît poursuivre un but exclusivement fiscal (ce qui permet à l'administration fiscale de caractériser un abus de droit).

CHAPITRE
3

Transmettre un patrimoine immobilier

Transmettre par donation ou succession

La SCI constitue un excellent moyen pour transmettre dans des conditions optimales un patrimoine immobilier par donation ou succession. Elle permet de transmettre les biens immobiliers de manière beaucoup plus souple que si la transmission portait sur les biens immobiliers eux-mêmes et peut également réduire le montant des droits de donation ou de succession exigibles.

Réaliser une transmission anticipée par donation

La SCI permet de réaliser une transmission anticipée par donation dans des conditions plus souples et plus favorables que si la donation portait directement sur les biens immobiliers transmis. Vous pouvez ainsi transmettre un bien immobilier à plusieurs donataires (vos enfants, par exemple), sans pour autant créer entre eux une indivision précaire et très lourde à gérer (voir p. 22).

Une association durable régie par les statuts

Les modalités de gestion des biens sont fixées par les statuts de la SCI et non par les règles légales contraignantes de l'indivision. Vous pouvez ainsi conserver la gestion des biens en qualité de gérant tout en transmettant le patrimoine immobilier (les statuts devront prévoir un objet social large, sans restrictions aux pouvoirs du gérant). Vous pouvez aussi confier la gestion à l'un de vos enfants donataire sans lui transmettre immédiatement les biens immobiliers, ou encore confier

CONFIER LA GÉRANCE À UN ENFANT PERMET DE LE « TESTER »

La SCI permet d'associer un enfant à la gestion d'un bien immobilier, sans lui transmettre pour autant immédiatement le patrimoine immobilier. L'enfant, désigné gérant de la société pour une durée fixée à l'avance ou indéterminée, peut alors prendre en charge la gestion du bien immobilier, se familiariser avec celle-ci et décharger le donateur de cette tâche parfois fastidieuse. Vous pouvez ainsi juger de son aptitude à gérer le patrimoine immobilier avant de lui transmettre ultérieurement, le cas échéant, la propriété des parts sociales. Notez que le gérant ne doit pas nécessairement être associé de la SCI. Les statuts peuvent prévoir une rémunération à son profit.

la gestion à un tiers de confiance. Le gérant qui assure la gestion courante de l'immeuble peut être désigné pour une durée librement fixée dans les statuts. Vous pouvez lui conférer des pouvoirs étendus qui lui permettront, par exemple, de conclure et renouveler tous les baux, quelle que soit leur nature (voir p. 103).

Conserver l'usufruit des parts

La SCI permet au donateur d'organiser la transmission anticipée du bien, tout en conservant les revenus qu'il produit. Surtout, le donateur peut conserver des pouvoirs de gestion plus larges que ceux dont il disposerait s'il s'était simplement réservé un usufruit sur l'immeuble directement : il suffit pour cela de prévoir dans les statuts que c'est l'usufruitier exclusivement qui dispose du droit de vote en assemblée, tout en permettant au nu-propriétaire de prendre part aux réunions.

Ainsi, si vous donnez la nue-propriété des parts sociales et en conservez l'usufruit, vous continuez à bénéficier des revenus locatifs et à exercer les prérogatives d'un plein-propriétaire. Vous pouvez également conserver la gérance de la société et vous ménager dans les statuts des pouvoirs plus larges que ceux reconnus à l'usufruitier d'un immeuble. Par exemple, les statuts peuvent prévoir que le gérant peut donner l'immeuble en location pour une période supérieure à 9 ans ou conclure un bail commercial ou rural, alors que l'usufruitier doit obtenir l'accord du nu-propriétaire pour réaliser ou rendre efficaces ces baux.

Vous pouvez également, en qualité de gérant, et si les statuts le prévoient, décider de réaliser les « grosses réparations » incombant au nu-propriétaire. Alors que l'usufruitier d'un immeuble détenu en direct ne dispose d'aucune action lui permettant de contraindre le nu-propriétaire à effectuer ces réparations s'il s'y refuse. La SCI permet enfin de réaliser une transmission progressive des parts sociales avantageuse sur le plan fiscal, compte tenu de la règle du non-rappel fiscal des donations consenties depuis plus de 6 ans (voir p. 41).

Organiser une transmission par succession

La SCI permet également d'organiser la transmission d'un patrimoine immobilier par succession. L'intérêt principal est alors d'éviter la survenance d'une indivision successorale qui naîtrait si c'était l'immeuble lui même qui entrait dans la succession (voir p. 22).

Une situation plus stable que l'indivision

L'indivision peut conduire à une paralysie dans la gestion de l'immeuble et aboutir au partage du bien. Alors que les héritiers qui reçoivent des parts sociales de SCI sont dans une situation plus stable : ils doivent respecter les pouvoirs du gérant de la société fixés par les statuts et ne peuvent quitter librement la société, comme ils pourraient le faire dans une indivision en exigeant le partage de l'immeuble.

Ils peuvent simplement céder leurs parts sociales ou exercer leur droit de retrait (voir p. 133). Mais ils risquent alors de se voir opposer les clauses d'agrément prévues par les statuts (voir p. 42 et 60). Une meilleure stabilité est donc assurée au décès de l'associé. Elle l'est d'autant plus que les pouvoirs du gérant continuent à s'appliquer, ce qui assure la continuité de la gestion des biens immobiliers.

Les statuts peuvent également prévoir qu'un second gérant exercera ces fonctions en cas de décès du premier. Par exemple, il est possible de prévoir qu'en cas de décès du gérant, son époux exercera la gérance. Cette clause est particulièrement utile lorsque les héritiers sont mineurs et donc pas encore en mesure d'assumer cette fonction.

Transmettre sur plusieurs générations

La SCI constitue également un outil très appréciable pour les personnes qui souhaitent organiser une transmission de leur patrimoine immobilier sur plusieurs générations, en recourant aux libéralités graduelles et résiduelles. La constitution d'une SCI permet ainsi d'éviter que la composition du patrimoine immobilier soit totalement figée sur de longues périodes.

Dans le cadre de la libéralité résiduelle, la SCI permet, en cas de vente d'un bien immobilier, de reporter les droits du second gratifié sur les biens acquis par le premier, au moyen du prix de vente des biens immobiliers qu'il a vendus. Elle évite ainsi que l'aliénation des biens par le premier gratifié ne rende caduque celle adressée au second gratifié, ce qui serait le cas si la libéralité portait sur l'immeuble lui-même.

TRANSMETTRE À UN ENFANT MINEUR OU À UN MAJEUR PROTÉGÉ

Si certains héritiers sont mineurs ou majeurs placés sous un régime de protection (tutelle, curatelle…), le recours à la SCI facilite là encore la gestion du patrimoine immobilier. La gestion courante est, en effet, assurée par le gérant, les règles souvent contraignantes des régimes de protection ne s'appliquant pas ici. Si des héritiers sont mineurs, majeurs protégés ou s'il existe plus simplement des motifs légitimes qui font douter de leur aptitude à gérer les parts sociales, il est aussi possible d'organiser l'administration des parts sociales elles-mêmes en recourant au « mandat à effet posthume ». Ce mandat permet de désigner un tiers de confiance qui administrera, pour une période de 2 ou 5 ans renouvelable, les parts sociales aux lieu et place des représentants ordinaires de l'associé (*articles 812 et suivants du Code civil*).

Transmettre à un moindre coût fiscal

La SCI permet de réduire le coût fiscal d'une transmission de patrimoine immobilier, en transmettant progressivement les parts sociales : vous pouvez transmettre tous les 6 ans une partie de vos parts et bénéficier ainsi de la règle du non-rappel fiscal des donations consenties depuis plus de 6 ans.

Réaliser un investissement en démembrement de propriété

La SCI est utile pour réaliser un investissement familial en démembrement de propriété. C'est le cas, en particulier, si vous voulez acquérir ou vous réserver l'usufruit d'un bien immobilier dont vos enfants acquièrent la nue-propriété. L'acquisition de la nue-propriété par une SCI constituée entre les enfants évite, au décès, l'application de la présomption fiscale de propriété énoncée par l'article 751 du Code général des impôts (voir p. 45). Rappelons que cette présomption de propriété pourrait conduire à réintégrer dans l'actif de la succession, la pleine propriété de l'immeuble au décès de l'usufruitier, si la nue-propriété appartenait directement à vos enfants.

Réduire la valeur des parts transmises

La SCI permet souvent de régler des droits de donation calculés sur une base plus faible que si la donation portait sur les biens immobiliers eux-mêmes.

En effet, pour fixer la valeur des parts sociales données, il est tenu compte de la totalité des sommes dues par la société : prêts en cours, avances consenties par les associés à la société en « comptes courants d'associés » (voir p. 84). Alors que, en cas de donation d'un bien immobilier, la déduction des dettes transmises au donataire est soumise à des règles restrictives : seuls les prêts bancaires sont pris en compte. Les prêts familiaux consentis par des parents proches ne peuvent pas être déduits de la valeur de l'immeuble.

Par ailleurs, en particulier lorsque le donataire est un associé minoritaire, les contraintes qui résultent de la mise en société et des statuts (règles de majorité, pouvoirs du gérant, clauses d'agrément, moindre cessibilité des parts...) justifient qu'une décote soit pratiquée sur la valeur des parts sociales, par rapport à la valeur des biens immobiliers détenus (ce que le fisc n'admet que très difficilement lorsque l'immeuble est détenu en direct). Cette « dépréciation » de la valeur des biens qui résulte de leur mise en société réduit le montant des droits de donation. Dans le cade d'une SCI, tout dépend des prérogatives reconnues à l'associé donataire et de l'importance des sujétions résultant des statuts. En pratique, une décote de 10 à 20% par rapport à la valeur des biens immobiliers est généralement constatée.

Les clauses d'agrément

Organiser la transmission d'un patrimoine immobilier par décès au travers d'une SCI requiert d'aménager les clauses dites « d'agrément » qui peuvent être insérées dans les statuts de la société. Ces clauses d'agrément permettent de subordonner l'entrée des héritiers de l'associé décédé à l'accord des associés restants.

Pour filtrer l'entrée des héritiers dans la SCI

L'insertion de clauses d'agrément dans les statuts de la SCI permet d'éviter l'intrusion dans la société d'héritiers qui seraient jugés indésirables.

Préserver le caractère familial de la société

Les clauses d'agrément sont très importantes en pratique. Elles permettent de préserver le caractère familial de la société, en conférant aux associés restants la possibilité de refuser à un ou plusieurs héritiers de l'associé décédé de devenir associés.

Par exemple, dans une SCI familiale, les clauses d'agrément permettront aux associés restants de refuser l'entrée dans la société à un légataire des parts sociales qui serait étranger à la famille (le concubin ou le partenaire de Pacs de l'associé décédé, par exemple). Le légataire qui n'obtient pas l'« agrément » des associés restants ne

LE DÉCÈS D'UN ASSOCIÉ NE DOIT PAS METTRE FIN À LA SCI !

Les statuts peuvent prévoir que la société sera dissoute par le décès d'un associé (automatiquement ou sur option des associés survivants), ou prévoir que les héritiers du défunt pourront choisir entre la continuation de la société ou sa dissolution.
La dissolution, qu'elle intervienne de plein droit ou sur la décision des associés ou des héritiers, est à éviter. Elle met en péril la pérennité du projet immobilier et peut s'avérer très délicate à gérer, en particulier si elle intervient avant que les emprunts souscrits par la société aient été intégralement remboursés. Par ailleurs, à l'issue des opérations de liquidation de la société, les biens immobiliers de la société retombent en indivision, situation juridique difficile à gérer, que le recours à le SCI a précisément souvent cherché à écarter.
En outre, la dissolution peut entraîner des conséquences fiscales pénalisantes, en particulier lorsque la société est soumise à l'impôt sur les sociétés.
Il est donc déconseillé, en pratique, d'insérer dans les statuts une clause prévoyant la dissolution de la société en cas de décès d'un associé.

peut pas entrer dans la société. Il a seulement droit à une indemnité correspondant à la valeur des parts sociales (voir p. 129).

À défaut de précision dans les statuts, la société n'est pas dissoute par le décès d'un des associés. Elle se poursuit avec les héritiers et légataires de l'associé décédé (*article 1870 alinéa 1er du Code civil*). La société continue donc avec les associés survivants et les héritiers ou légataires de l'associé décédé qui deviennent de plein droit associés. Notez que le terme de « légataire » s'entend au sens large et concerne également le conjoint survivant bénéficiaire d'une donation entre époux « au dernier vivant ».

Cette règle n'est pas impérative. Les statuts peuvent y déroger et prévoir soit que la société sera dissoute par le décès d'un associé (voir encadré p. 42), soit qu'elle continuera, mais que l'entrée des héritiers ou de certains d'entre eux sera subordonnée à l'accord des associés restants.

Rédiger attentivement les clauses d'agrément

Il est recommandé d'inclure systématiquement dans les statuts de la SCI des clauses subordonnant l'entrée des héritiers ou de certains d'entre eux à un agrément préalable des autres associés. Compte tenu de leur importance pratique et des conséquences juridiques, financières et fiscales qui peuvent en résulter, il convient d'être particulièrement attentif à la rédaction de cette partie des statuts. Elle doit être confectionnée « sur mesure », en fonction des liens familiaux ou personnels plus ou moins marqués qui unissent les associés.

Il est souhaitable que ces clauses soient rédigées de manière assez précise. Elles doivent notamment : déterminer les catégories d'héritiers amenés à se voir délivrer un agrément ; fixer en détail les conditions de délivrance de l'agrément (majorité requise, délais pour statuer...) ; préciser les conséquences financières d'un refus d'agrément (les associés ou tiers ayant reçu un agrément pouvant être substitués aux héritiers, modalités d'évaluation amiable des parts sociales...) ; indiquer les modalités de fonctionnement de la société et notamment d'exercice des droits de vote pendant la période séparant la survenance d'un décès de la décision statuant sur l'agrément (justifications devant être fournies par les héritiers, neutralisation ou non des droits de vote attachés aux parts sociales détenues par l'associé décédé, obligation de désigner un mandataire commun représentant les héritiers...).

Les modalités de l'agrément

Les associés disposent d'une large liberté, lorsqu'ils rédigent les statuts de la SCI, pour fixer l'étendue et la mise en œuvre des clauses d'agrément qui s'appliqueront au décès de l'un d'eux.

Les clauses d'agrément

Pour filtrer l'entrée des héritiers dans la SCI

Les modalités de l'agrément

Qui doit recueillir l'agrément des autres associés ?

Le périmètre des héritiers devant recueillir un agrément peut être déterminé librement. L'agrément peut ainsi être systématique. Mais il est également possible de prévoir que certains successeurs en seront dispensés (les descendants de l'associé ou son conjoint, par exemple). Il est même possible de dispenser d'agrément certaines personnes connues d'avance et nommément désignées dans les statuts. Le plus souvent, dans les SCI familiales, les statuts prévoient qu'un agrément est nécessaire pour les héritiers ou légataires autres que le conjoint ou les descendants de l'associé décédé et qui ne sont pas déjà associés de la SCI. Mais il est parfaitement possible d'être plus restrictif et de prévoir, par exemple, que même le conjoint devra être agréé avant de pouvoir devenir associé, ou de l'être moins et, par exemple, d'assimiler à l'époux dispensé d'agrément le partenaire lié par un pacs.

Les règles de majorité sont fixées dans les statuts

Les associés ont toute latitude pour fixer les conditions de majorité requises pour statuer sur l'agrément des associés. Les statuts peuvent ainsi prévoir une majorité simple ou qualifiée, en nombre d'associé et/ou en détention du capital social, ou encore exiger l'unanimité des associés. Ainsi, il est possible d'exiger une majorité qualifiée (les deux tiers du capital social, par exemple) et de réserver, de fait, un droit de veto à un groupe familial ou à un investisseur majoritaire. En l'absence de majorité prévue par les statuts, l'agrément doit être donné à l'unanimité des associés.

Il est souhaitable que les statuts précisent de manière détaillée les modalités selon lesquelles l'agrément doit être obtenu. Bien qu'il n'existe pas de règle préétablie en la matière, les statuts prévoient généralement que les parts sociales de l'associé décédé ne seront pas prises en compte pour le calcul du quorum et de la majorité tant que l'agrément n'a pas été donné.

Les associés refusent d'agréer l'héritier

Si l'agrément est refusé, les héritiers de l'associé décédé doivent être indemnisés. Ils reçoivent une somme d'argent correspondant à la valeur des parts sociales du défunt. Elle est versée soit par la société elle-même, qui « annulera » les parts sociales, soit par un associé ou un tiers qui aura été agréé et qui rachètera les parts.

Les statuts peuvent prévoir les modalités d'évaluation des parts sociales, mais la portée de ces clauses reste très limitée. Leur contenu ne vaut qu'en cas d'accord amiable entre les intéressés. À défaut d'accord amiable, la valeur des parts sociales est déterminée par un expert (*article 1843-4 du Code civil*). Cette possibilité pour les héritiers de faire fixer la valeur des parts sociales par expertise est une garantie essentielle pour les héritiers qui ne peuvent pas être privés du droit de recourir à l'expertise dans les statuts. Toutefois, cette garantie présente aussi un risque : la valeur déterminée par l'expert s'impose impérativement aux parties.

Le double démembrement de propriété : un montage à proscrire

Il est possible de constituer une SCI familiale en lui apportant ou en lui faisant acquérir la nue-propriété d'un bien immobilier.

Transmettre la nue-propriété d'un bien par la SCI

Ce montage permet notamment à une personne qui détient un bien immobilier en pleine propriété de transmettre à ses futurs héritiers, par l'intermédiaire d'une SCI, la nue-propriété sans encourir, à son décès, la réintégration de la pleine propriété sur laquelle il a conservé un usufruit viager en application de la présomption fiscale de propriété, énoncée à l'article 751 du Code général des impôts.

Cette présomption ne s'applique pas lorsque la nue-propriété est détenue, non par les héritiers directement, mais par une société civile, même lorsque cette société est constituée uniquement par les futurs héritiers de l'usufruitier. Le recours à la SCI est donc intéressant dans cette situation. Il permet de sécuriser l'opération sur le plan fiscal et d'éviter, à condition que la société ait une existence réelle (ce qui implique en particulier la tenue d'une assemblée générale au moins annuelle), de prévenir toute difficulté quant à la possible application de cette présomption lors du règlement de la succession de l'usufruitier.

Il est dangereux d'aller plus loin

Les contribuables peuvent être tentés d'aller plus loin pour alléger davantage le coût fiscal d'une donation. Des parents pourraient ainsi se réserver l'usufruit d'un bien immobilier dont ils sont propriétaires, puis apporter la nue-propriété de l'immeuble à une SCI

Le double démembrement de propriété : un montage à proscrire

Transmettre la nue-propriété d'un bien par la SCI

Il est dangereux d'aller plus loin

qu'ils constitueraient. Ils recevraient en contrepartie de l'apport de la nue-propriété de l'immeuble des parts sociales en pleine propriété, qu'ils pourraient donner par la suite à leurs enfants... en s'en réservant l'usufruit.

Ce schéma permet de réduire la valeur imposable des biens transmis aux donataires, la valeur de l'usufruit étant déduite deux fois de la base de calcul des droits de donation. La valeur des parts sociales est, en effet, déterminée en tenant compte de la seule nue-propriété de l'immeuble apporté. La valeur de l'usufruit est ensuite déduite une seconde fois de la base de calcul des droits de donation lors de la réalisation de la donation, puisque celle-ci est consentie en nue-propriété seulement.

Exemple de calcul des droits en cas de double démembrement

Des époux âgés chacun de 65 ans veulent transmettre la nue-propriété d'un immeuble évalué à 750 000 €. En se référant au barème fiscal d'évaluation de l'usufruit et de la nue-propriété (voir p. 70), on parvient au résultat suivant :

- lors de l'apport de la nue-propriété de l'immeuble à la SCI, la valeur de la nue-propriété est évaluée à 450 000 € (60% de 750 000 €).
- lors de la donation de la nue-propriété des parts, une nouvelle décote de 40% est pratiquée sur la valeur de la pleine propriété des parts sociales, évaluée à 450 000 €. En effet, la donation porte seulement sur la nue-propriété des parts, ce qui ramène la base imposable à 270 000 € (60% de 450 000 €). Au final, les donateurs pourraient ainsi transmettre par l'intermédiaire de la SCI la nue-propriété de l'immeuble en réduisant la base taxable à 36% de la valeur de la pleine propriété !

Ce montage, bien qu'en apparence attractif, est à proscrire car constitutif d'un abus de droit fiscal (voir p. 17). La réserve d'usufruit prévue lors de la donation des parts de la SCI qui détient elle-même uniquement des biens en nue-propriété est en effet purement artificielle et ne correspond à aucune réalité économique. Les contribuables qui pratiqueraient de tels montages encourraient les sanctions fiscales très lourdes applicables en matière d'abus de droit : exigibilité du complément de droits de donation, une pénalité correspondant à 80% de l'impôt éludé (éventuellement ramenée à 40%) et un intérêt de retard calculé au taux annuel de 4,80%.

CHAPITRE 4

Gérer ses biens professionnels

Une protection contre les créanciers

Le recours à la société civile immobilière peut permettre au(x) dirigeant(s) d'une entreprise, que celle-ci soit exploitée en société ou en nom propre, de mettre à l'abri de ses créanciers personnels et professionnels les immeubles dans lesquels l'activité est exercée. En effet, le recours à la SCI permet la création d'un patrimoine différent de celui des associés. Autre avantage, la « mise en société » du patrimoine immobilier professionnel garantit au dirigeant d'entreprise la perception d'un revenu foncier régulier, même au-delà de sa période d'activité professionnelle. Cette opération est donc susceptible de constituer une épargne retraite conséquente.

Ces dispositions concernent aussi bien les activités commerciales ou artisanales que les activités libérales.

Un patrimoine distinct de celui des associés

La création d'une SCI génère l'apparition d'un nouveau patrimoine, propre à la société. Certes, les associés ont reçu, en échange de leurs apports, des parts sociales dont ils sont propriétaires. Mais ces parts ne leur confèrent pas de droits propres sur le patrimoine de la SCI. Ainsi, un associé, même majoritaire, ne saurait valablement vendre seul l'immeuble appartenant à la société. Il est tenu d'user de ses prérogatives sociales (droit de vote et, lorsque l'associé a la qualité de gérant de la SCI, pouvoirs de gérance). Il existe deux possibilités pour « mettre en société » le patrimoine professionnel de l'exploitant :

- ✔ l'apport à la société d'un immeuble appartenant déjà à la société d'exploitation (ou à l'exploitant en nom propre), en échange de parts sociales ;
- ✔ l'acquisition (à titre onéreux) de l'immeuble professionnel par la SCI auprès de l'exploitant (si celui-ci en est déjà propriétaire), ou d'une tierce personne (extérieure à l'exploitation).

La mise en société du patrimoine professionnel par voie d'apport

Cette solution nous semble peu avantageuse. Certes, elle permet de réaliser l'isolement patrimonial décrit ci-dessus. Mais, lorsque l'apporteur est une société d'exploitation (c'est-à-dire la société exerçant son activité dans les locaux concernés), c'est cette dernière qui reçoit les parts sociales, et non l'exploitant lui-même. Il n'y aura donc qu'un moindre allègement de la valeur globale de l'entreprise (la valeur des parts sociales se substituant dans l'actif de la société d'exploitation à celle de l'immeuble), et le dirigeant ne bénéficiera pas d'un quelconque complément de revenus fonciers à l'issue de sa vie professionnelle.

Autre désavantage du recours à la technique de l'apport, l'exploitant (société ou personne physique) étant déjà propriétaire de l'immeuble, il ne perçoit pas de prix de vente : la remise de parts sociales par la SCI constitue la seule contrepartie de l'apport de l'immeuble. Enfin, en cas d'apport, la SCI générera des revenus mais peu de charges déductibles, dans la mesure où elle n'a pas besoin de recourir à l'emprunt pour financer l'acquisition de l'immeuble. En conséquence, l'imposition des associés, dans le cadre d'une SCI non soumise à l'impôt sur les sociétés, sera plus forte (voir p. 112).

La mise en société par vente de l'immeuble au profit de la SCI

La vente de l'immeuble au profit de la SCI devra, le plus souvent, être privilégiée. Les immeubles concernés par l'opération seront acquis par la SCI auprès de la société d'exploitation, ou, le cas échéant, de l'exploitant en nom propre, ou encore auprès d'un vendeur tiers (auprès du bailleur souhaitant mettre en vente l'immeuble, par exemple,). Pour payer le prix de vente, la SCI pourra opportunément solliciter un prêt bancaire, afin de pouvoir déduire par la suite les intérêts de l'emprunt. Une fois propriétaire, la SCI donnera en location le bien à usage commercial (ou professionnel, si l'exploitant exerce une profession libérale, un médecin, par exemple) au profit de l'exploitant ou de la société d'exploitation et percevra, à ce titre, un loyer. À la fin du remboursement de l'emprunt contracté, les associés de la SCI bénéficieront d'un revenu de complément, à condition naturellement que les lieux restent loués.

Les droits des créanciers sur les biens de la SCI

Pour bien cerner les effets protecteurs de l'isolement du patrimoine professionnel dans le cadre d'une SCI, il convient de décrire les droits du créancier personnel ou professionnel de l'exploitant dans une situation de défaut de paiement.

Le créancier ne peut saisir que des parts sociales

En admettant que le créancier, pour obtenir le paiement, parvienne à saisir des éléments du patrimoine personnel du dirigeant (associé de la société d'exploitation ou exploitant en nom propre), il n'y trouvera pas l'immeuble mais uniquement une partie des parts sociales de la

Une protection contre les créanciers

Un patrimoine distinct de celui des associés

Les droits des créanciers sur les biens de la SCI

Attention aux montages frauduleux

SCI (l'autre partie étant détenue par une ou plusieurs personnes distinctes de l'exploitant). Or, une fois en possession d'une partie des parts sociales de la SCI, le créancier ne disposera que de perspectives restreintes : vendre les parts sociales préalablement saisies, ou intégrer la société en qualité d'associé pour tenter d'obtenir la vente des immeubles détenus par la société, puis la répartition du prix de vente.

Si le créancier choisit de vendre les parts sociales, il se heurtera nécessairement à la difficulté de trouver un acquéreur. Qui souhaiterait intégrer une société « fermée », dans laquelle l'entente risque de s'avérer peu cordiale ?

Se pose également la question du prix des parts sociales. L'acquéreur qui se présenterait dans un tel contexte obtiendrait vraisemblablement une réduction importante du prix par rapport à la valeur vénale des immeubles détenus par la société. En outre, une fois le projet de cession des parts sociales établi, celui-ci devra encore être notifié aux autres associés de la société, dans l'optique d'obtenir l'agrément (voir p. 42). S'il est accordé, la vente pourra intervenir. Dans le cas contraire, les autres associés devront racheter, ou faire racheter, les parts sociales du créancier. Cette solution n'est donc guère séduisante pour ce dernier, qui dépensera beaucoup d'énergie pour un résultat insatisfaisant.

Le créancier peut devenir associé

L'autre solution ouverte au créancier consiste à intégrer la collectivité des associés, pour peser au sein des assemblées et obtenir la vente des immeubles appartenant à la société. Là encore, le créancier devra obtenir l'agrément des autres membres de la société pour obtenir la qualité d'associé.

Mais la demande d'agrément ne s'impose pas toujours : si le créancier entre en possession des parts par l'effet d'un nantissement de parts sociales (c'est-à-dire une garantie consentie par l'exploitant qui en

DES VERTUS PROTECTRICES À NUANCER…

La SCI apparaît bien comme un formidable outil de protection à l'égard des créanciers personnels ou professionnels de l'exploitant. Mais, de manière pratique, certains créanciers de l'exploitation ou du dirigeant parviennent à contourner efficacement cette stratégie d'isolement patrimonial, en se faisant garantir directement par la SCI (garantie personnelle) détenant les immeubles professionnels, ou sur certains éléments du patrimoine de la société (garantie réelle). De cette manière, lorsque le débiteur n'est pas à même de faire face à ses remboursements, le créancier garanti par la SCI peut exiger le paiement de sa créance entre les mains de cette dernière société. C'est pourquoi les associés de la SCI doivent se montrer extrêmement vigilants sur les garanties qu'ils consentent au nom de la société.

était propriétaire), le créancier aura le plus souvent obtenu l'agrément dès la constitution du nantissement. Autrement dit, il aura pris la précaution de se faire « pré-agréer ».

Une fois le créancier devenu associé, il pourra exercer son droit de vote dans le cadre des décisions collectives et proposer la vente des immeubles, suivie d'une répartition du prix de vente. Néanmoins, une rédaction efficace des statuts aura pu subordonner à un accord unanime des associés la vente des immeubles sociaux. Dans une telle hypothèse, les autres associés disposeront d'une minorité de blocage, empêchant la vente. Le créancier pourra encore tenter d'obtenir la dissolution judiciaire de la société, ce qui suppose l'accord du juge, ou encore son retrait afin d'être indemnisé de la valeur de ses droits sociaux. Au final, si cette solution semble plus séduisante pour le créancier que celle consistant à saisir les parts sociales de la SCI pour les vendre, ses fruits restent cependant incertains et difficiles à percevoir.

Attention aux montages frauduleux

Dans certaines situations, la constitution d'une SCI pour détenir des immeubles professionnels est envisagée alors même que l'exploitant, propriétaire des bâtiments avant l'opération, connaît des difficultés financières. En d'autres termes, il s'agit de mettre en urgence les immeubles à l'abri. Cette proximité de la « mise en société » avec la dégradation de la situation financière de l'exploitant est susceptible de jeter la suspicion sur le caractère frauduleux de l'opération.

En effet, si les créanciers de la société d'exploitation (ou de l'exploitant en nom propre) démontrent que le transfert des immeubles professionnels au profit de la SCI a été réalisé en fraude de leurs droits, ou exclusivement dans le but d'extraire artificiellement du patrimoine de leur débiteur les immeubles professionnels, ils pourront agir sur le terrain judiciaire afin d'obtenir la remise en cause de l'opération, ou une décision de justice prononçant l'inopposabilité à leur égard du transfert des immeubles. À ce titre, la précipitation dans la réalisation de la « mise en société » aidera considérablement les créanciers à en prouver le caractère artificiel.

Les fondements juridiques potentiels de l'action des créanciers sont variés : action oblique et surtout action paulienne (*articles 1166 et 1167 du Code civil*).

Une valeur comptable allégée

La SCI possède d'autres avantages en matière de gestion des immeubles professionnels d'un dirigeant. La dissociation entre le patrimoine immobilier professionnel et celui d'exploitation rend possible un allégement de la valeur comptable de la société d'exploitation (ou, le cas échéant, de l'entreprise exploitée en nom propre). Ce qui permettra au repreneur, lors de la cession de l'exploitation, de financer plus facilement son acquisition.

Cet allègement repose sur une mécanique simple : la création de la SCI permet de retirer les immeubles de l'actif professionnel (ou, le cas échéant, de ne pas les y inscrire). La cession de l'entreprise s'en trouve facilitée, puisqu'elle permet d'en minorer le prix d'acquisition. Mais l'acquéreur de l'entreprise aura souvent à cœur de sécuriser la transaction, en exigeant des garanties quant à la pérennité du bail consenti par la SCI détenant les immeubles au profit de l'exploitant. Ceci est particulièrement vrai lorsque le bail n'est pas commercial mais professionnel. En effet, si le statut des baux commerciaux assure relativement bien la sécurité du locataire, celui relatif aux baux professionnels ne garantit pas au locataire le renouvellement de son bail, une fois celui-ci parvenu à son terme. Pour gommer cette incertitude, le bailleur et le locataire peuvent cependant décider, lors de la conclusion du bail, de soumettre volontairement le contrat de location au statut des baux commerciaux.

L'allégement de la valeur comptable de l'exploitation produira aussi des effets bénéfiques en cas de donation : l'assiette de la donation (portant sur tout ou partie de l'exploitation) étant mathématiquement réduite, les droits seront réduits d'autant.

Une gestion optimisée de l'immobilier professionnel

Nous avons vu les avantages procurés par une SCI constituée en vue de permettre au dirigeant d'entreprise d'acquérir les biens immobiliers dans lesquels il exerce son activité. Deux techniques peuvent être utilisées pour améliorer le montage, en utilisant à la fois les ressources de la SCI et celles de la société d'exploitation (c'est-à-dire la société exerçant l'activité dans les locaux objets de l'acquisition). Il s'agit, d'une part, de l'acquisition démembrée de l'immeuble par la SCI et la société d'exploitation ; d'autre part, de l'acquisition de l'immeuble par la SCI, avec démembrement des parts sociales entre les associés et la société d'exploitation.

L'acquisition démembrée de l'immeuble

Avec cette technique, la SCI acquiert la nue-propriété de l'immeuble tandis que la société d'exploitation dispose d'un usufruit « temporaire » (c'est-à-dire limité dans le temps).

Les droits respectivement acquis par chacune des deux sociétés doivent être évalués. Bien sûr, au total, la valeur de l'usufruit et celle de la nue-propriété doivent correspondre à celle de l'immeuble en pleine propriété. Cependant, dans ce schéma, les parties auront souvent intérêt à tenter de maximiser la valeur de l'usufruit. Ce dernier étant consenti au profit d'une personne morale (la société d'exploitation), il doit être temporaire. Ce sont les parties à l'acquisition qui choisissent librement la durée de l'usufruit, sachant que plus cette durée est longue, plus la valeur de l'usufruit est élevée. Pour déterminer la valeur de l'usufruit temporaire, il est possible de se référer au barème fiscal (voir tableau p. 70) ou de procéder à une valorisation économique basée sur la rentabilité réelle du bien. Concrètement, plus l'immeuble produit une rentabilité importante, plus la valorisation économique de l'usufruit est importante par rapport à celle issue du barème fiscal.

Le recours à cette méthode offre plusieurs avantages : diminution de la somme déboursée par la SCI (laquelle n'acquiert que la nue-propriété de l'immeuble) et création d'une charge d'acquisition déductible fiscalement pour la société d'exploitation (correspondant à l'amortissement de l'acquisition de l'usufruit temporaire de l'immeuble). Mais ces avantages ne doivent pas occulter un inconvénient majeur : pendant la durée de l'usufruit temporaire, la SCI ne perçoit aucun revenu au titre de la location de l'immeuble dont elle est simplement nu-propriétaire. Il faut donc que la SCI dispose d'une trésorerie suffisante pour faire face à ses obligations pécuniaires, jusqu'à ce que la pleine propriété de l'immeuble soit réunie entre ses mains (à l'extinction de l'usufruit temporaire).

L'acquisition de l'immeuble par une SCI dont les parts sont démembrées

Cette technique repose sur la constitution d'une SCI chargée d'acquérir la pleine propriété de l'immeuble dans lequel est exercée l'activité. La propriété de l'immeuble n'est ici pas démembrée, la SCI étant l'unique propriétaire de l'immeuble.

Ce sont les parts de la SCI qui font l'objet d'un démembrement : l'usufruit temporaire des parts est acquis par la société d'exploitation, la nue-propriété étant placée entre les mains de personnes physiques (qui sont généralement, en tout ou partie, les associés de la société d'exploitation).

Au contraire de la technique de démembrement précédente (dans laquelle c'est la propriété de l'immeuble qui est démembrée), la SCI est pleinement propriétaire de l'immeuble, éliminant ainsi le problème de trésorerie. En effet, la société d'exploitation verse un loyer à la SCI pour la location de l'immeuble. Ce qui permet, en outre, d'amortir le coût d'acquisition de l'usufruit des parts de la SCI.

Mais attention à ce type de montage, qui doit être utilisé avec précaution : son essor est récent, et la jurisprudence inexistante. Le fisc pourrait être tenté de contester la validité du montage, estimant que le but de l'opération est exclusivement fiscal, ce qui constitue un abus de droit (voir p. 17). Pour contrer cette analyse du fisc, il serait alors possible d'objecter que, pour la société d'exploitation, le but recherché n'est pas simplement fiscal mais également civil : l'acquisition de l'usufruit temporaire des parts sociales de la SCI par la société d'exploitation lui permet de mieux maîtriser son statut de locataire, pendant la durée de l'usufruit temporaire. Dans ce cas, en effet, toute demande d'augmentation de loyer ou toute question relative au renouvellement du bail (liant la SCI et la société d'exploitation), nécessitera le recours à un vote, auquel prendra part la société d'exploitation. Pour cela, encore faut-il qu'au sein de la SCI ce soit l'usufruitier (et non le nu-propriétaire) qui bénéficie du droit de vote, pour un nombre conséquent de décisions. En effet, en cas de démembrement des parts sociales il est possible de concéder, dans les statuts, la totalité du droit de vote à l'usufruitier (voir p. 29).

CHAPITRE 5

La création de la SCI

La rédaction des statuts

Une société civile immobilière doit être constituée avec précaution. Ce sont les statuts qui en fixent les règles de fonctionnement. Les associés peuvent les rédiger eux-mêmes ou faire appel à un professionnel (notaire ou avocat). L'intervention du notaire est cependant obligatoire en cas d'apport d'un bien immobilier à la société.

Rédiger soi-même les statuts

Les fondateurs de la SCI peuvent choisir d'en rédiger eux-mêmes les statuts. Ils les établissent sur papier libre, en s'inspirant généralement de statuts types, qu'ils adaptent (presque) librement à leurs besoins et à leurs objectifs (voir p. 141, un modèle de statuts).

Au moins quatre exemplaires originaux des statuts doivent être établis et signés par les associés : un pour les archives de la société ; un pour l'enregistrement ; deux pour la demande d'immatriculation au Registre du commerce et des sociétés (RCS). Des originaux supplémentaires sont à prévoir en cas d'apport d'immeuble à la société. Une copie des statuts, certifiée conforme par le gérant, doit être remise à chacun des associés.

Faire appel à un notaire

Bien que ce ne soit pas obligatoire, il est préférable de faire appel à un notaire pour rédiger les statuts de la SCI. En outre, lorsqu'un associé apporte un bien immobilier à la SCI, les statuts doivent être publiés

LE NOTAIRE SE CHARGE DES FORMALITÉS DE CONSTITUTION

Outre ses conseils et la rédaction des statuts de la société, le notaire va accomplir les diverses formalités nécessaires à la constitution de la SCI. Il doit tout d'abord faire enregistrer les statuts à la recette des impôts dont il dépend, dans le délai d'un mois. Si les statuts constatent l'apport d'un bien immobilier à la société, l'enregistrement résultera de la publication de l'acte au Bureau des hypothèques. Cette formalité devra alors intervenir dans le délai de 2 mois à compter de la signature. Après l'enregistrement ou la publication aux hypothèques, le notaire devra encore accomplir plusieurs formalités : insertion d'un avis de constitution de la société dans un journal d'annonces légales, établissement du formulaire administratif M0 relatif à la constitution d'une personne morale, dépôt des statuts au greffe du tribunal de commerce et immatriculation de la société au RCS (voir p. 62).

au bureau des hypothèques. Cette formalité incombant légalement à un notaire, ce dernier interviendra nécessairement à l'acte, même si les statuts ont déjà été établis par acte sous seing privé. Le notaire se chargera également des diverses formalités de publicité, ainsi que de l'immatriculation de la société au RCS (voir encadré p. 56). Il peut prétendre à des honoraires « libres » pour la constitution de la société et, en cas d'apport d'un bien immobilier à la société, à des émoluments calculés sur la valeur du bien apporté (voir p. 65).

Bénéficier de conseils appropriés

Les statuts sont un document essentiel de la SCI : ils précisent notamment les apports de chaque associé constituant le capital social, l'objet, le nom et le siège de la société, ainsi que sa durée. Ils peuvent prévoir la possibilité de « verrouiller » l'accès à la SCI en limitant, par exemple, la vente de ses parts par un associé ou leur transmission en cas de décès (voir p. 60). Sur tous ces points, le notaire apportera de précieux conseils. En effet, des statuts mal rédigés, imprécis ou lacunaires peuvent, à terme, générer d'importantes difficultés.

Une sécurité pour les SCI familiales

Il est conseillé de recourir à un notaire pour rédiger les statuts d'une SCI constituée entre une personne et un ou plusieurs de ses héritiers. Par exemple, entre des parents et certains de leurs enfants seulement. Si les statuts sont notariés, les éventuels bénéfices que l'enfant pourra retirer de la société ne seront pas considérés comme une libéralité consentie par ses parents. Alors que si les statuts sont rédigés par acte sous seing privé, les bénéfices sociaux que percevra l'enfant seront assimilés à une donation. Selon la règle du « rapport » des libéralités, il devra en rendre compte vis-à-vis des autres héritiers lors du décès de ses parents. De ce point de vue, le recours à l'acte notarié est d'un intérêt moindre pour une SCI à laquelle participent tous les enfants.

Le contenu des statuts

Les statuts organisent la vie sociale de la SCI. Ils contiennent l'ensemble des règles régissant le fonctionnement de la société. Ils doivent obligatoirement préciser les apports de chaque associé, la forme, l'objet, le nom, le siège social, le montant du capital social, la durée de la SCI et ses règles de fonctionnement (*article 1835 du Code civil*). Ce contenu est à adapter, les associés disposant d'une grande liberté pour organiser la vie sociale de la SCI au mieux de leurs objectifs.

L'identité de la société

Les statuts doivent indiquent que la société revêt la forme civile. La SCI relève alors des dispositions prévues par les articles 1832 à 1870-1 du Code civil.

La détermination de l'objet social

Par définition, une SCI ne peut avoir qu'un objet civil. Toute mention relative à l'achat de biens immobiliers en vue de leur revente, activité par nature commerciale, est à proscrire.

La définition de l'objet social est très importante puisqu'elle va déterminer le type d'activité que la société se propose d'exercer. L'objet doit être suffisamment général pour ne pas enfermer la société dans un cadre trop étroit. Mais il ne doit pas non plus être trop large, pour éviter que le gérant n'engage la société au-delà de la volonté des associés. En effet, le gérant engage valablement la société par rapport aux tiers, dans les limites de l'objet social.

L'un des objets classiques des SCI est l'organisation du patrimoine privé ou professionnel des associés. Il peut être limité à la gestion et à la location du patrimoine immobilier de la société, ou étendu à l'acquisition et à la construction d'immeubles. L'objet social peut aussi prévoir que, exceptionnellement, la vente d'un immeuble sera possible, dès lors que cette vente entre dans le cadre d'une gestion patrimoniale et civile des biens des associés.

QUELLE EST LA DURÉE DE LA SOCIÉTÉ ?

Une SCI est souvent constituée pour la durée maximale autorisée de 99 ans. La fin des activités que la société se propose de réaliser n'étant généralement pas programmée, cette durée permet aux associés de ne pas avoir à se poser à court terme la question d'une éventuelle prorogation. Bien sûr, les statuts peuvent prévoir une durée différente (20, 30 ou 50 ans, par exemple) ou indiquer une date précise à laquelle la société prendra fin. Le point de départ de la société est la date d'immatriculation au RCS. Par ailleurs, le décès d'un associé n'est pas une cause de dissolution ; la société continue avec les autres associés ou avec les héritiers du défunt (sous réserve des clauses d'agrément, voir p. 60). De même, la réunion de toutes les parts entre les mains d'un seul associé n'entraîne pas sa dissolution, à condition que la situation soit régularisée dans l'année qui suit (voir p. 137). Les statuts peuvent aussi prévoir des causes particulières de dissolution de la SCI (voir p. 136).

La dénomination sociale

Le choix du nom de la société est entièrement libre... ou presque. Souvent, l'appellation fait référence à la nature de l'activité et à son lieu d'exercice, par exemple : « SCI du 14, boulevard Pasteur ». Il est aussi possible de reprendre le nom des associés. Cette liberté ne doit cependant pas entraîner de confusion avec le nom d'une autre société existante (plusieurs SCI peuvent être créées dans un même immeuble, par exemple). Il est donc conseillé de vérifier auprès du Registre du commerce et des sociétés qu'aucune SCI déjà immatriculée ne porte ce nom, ce qui peut être fait gratuitement sur le site *www.infogreffe.fr*.

La domiciliation de la société

Le siège social doit être fixé au lieu où le gérant exerce la direction effective de la société, lequel ne correspond pas forcément au lieu d'exercice de l'activité. Une société basée à Paris peut exploiter un immeuble situé à Limoges, par exemple. Le lieu du siège social va conditionner : la nationalité de la société (la loi française s'applique aux SCI établies en France) ; les tribunaux compétents en cas de litige ; le lieu d'accomplissement de certaines formalités (déclarations fiscales, constitution de la société, publicité...).

Le siège social de la société est souvent fixé chez son gérant. Lorsqu'il s'agit d'un local d'habitation, vérifiez que l'installation du siège social d'une société dans le logement n'est pas interdite par le bail ou le règlement de copropriété. Si c'est le cas, vous devez, préalablement à l'immatriculation de la SCI, notifier par écrit au bailleur ou au syndic cette domiciliation. Le siège de la société peut alors valablement être fixé pendant 5 ans dans le local d'habitation. Passé ce délai, il faudra trouver une autre domiciliation (en signant un contrat de domiciliation, par exemple). En pratique, domicilier une SCI familiale dans un logement ne soulève pas de difficultés particulières.

Le capital social

Il se compose de l'ensemble des apports en nature et en numéraire faits par les associés (voir p. 68). Les apports en industrie, rares dans les SCI familiales, ne sont pas compris dans la formation du capital social.

Le montant du capital social est fixé librement par les associés. Aucun montant minimal n'est prévu par la loi. Il paraît cependant souhaitable, pour des raisons fiscales, de fixer un montant de capital correspondant à une évaluation réaliste des apports faits par les associés.

La valeur des parts sociales

En contrepartie de leur apport, les associés reçoivent des parts sociales représentant chacune une quote-part du capital de la SCI. Chaque part sociale a la même valeur nominale. Les associés ne recevant pas de document écrit matérialisant leurs parts sociales, seuls les statuts de la société permettent de prouver qu'ils sont détenteurs de parts de capital.

Exemple de détermination de la valeur des parts

Une SCI est constituée entre deux associés. L'un apporte un immeuble d'une valeur de 180 000 €, l'autre fait un apport en numéraire pour un montant de 20 000 €. Ils décident que le capital social sera fixé dans les statuts à 200 000 €. Ce capital sera divisé en 1 000 parts de 200 € chacune. Le premier détiendra 900 parts, le second 100 parts.

La libération des apports

Les associés doivent remettre à la société les biens ou les sommes qu'ils ont promis d'apporter : ils doivent « libérer » leur apport.

La loi n'exige pas une remise immédiate des apports en numéraire lors de la constitution de la société. Les modalités du versement sont librement fixées dans les statuts de la SCI. Il suffit de stipuler, par exemple, que les apports pourront être libérés ultérieurement à la demande du gérant. Cette solution permet de fixer le montant du capital à la valeur de l'immeuble, alors même que les associés ne disposent pas des fonds nécessaires à la réalisation de l'opération. La SCI financera l'acquisition avec un emprunt et les associés libéreront le capital, en versant au fur et à mesure les sommes nécessaires au remboursement de l'emprunt.

L'associé qui ne verse pas les sommes appelées par le gérant devient débiteur, vis-à-vis de la société, des intérêts de cette somme (en général au taux d'intérêt légal) ainsi que d'éventuels dommages et intérêts.

Aménager l'accès à la société

Dans une SCI familiale, la qualité des associés et les (bonnes) relations qu'ils entretiennent sont des éléments essentiels du contrat de société. C'est pourquoi l'entrée d'un nouvel associé est restreinte par la loi : selon l'article 1861 du Code civil, « Les parts sociales ne peuvent être cédées qu'avec l'agrément de tous les associés ». Seules les cessions consenties à des ascendants (parents) ou à des descendants (enfants, petits enfants...) sont libres.

Insérer une clause d'agrément dans les statuts

Une clause d'agrément permet d'organiser les transmissions de parts sociales, qu'il s'agisse de cessions à titre onéreux (une vente), à titre gratuit (par donation ou succession), d'échange de parts entre associés, ou encore d'apport isolé d'un bien ou d'une somme d'argent par un nouvel associé (voir p. 42).

De nombreux aménagements contractuels sont possibles. Ainsi, il est possible d'exclure de la procédure d'agrément des personnes qui y sont légalement soumises, des associés ou leurs conjoints, par exemple. À l'inverse, les statuts peuvent prévoir un agrément pour les cessions faites aux ascendants ou aux descendants du cédant, alors que la loi les en dispense.

Les limites à la rédaction d'une clause d'agrément

Les statuts peuvent dispenser d'agrément les cessions consenties à des associés ou au conjoint de l'un d'eux. En revanche, il n'est pas possible de dispenser totalement d'agrément les personnes étrangères à la société ou à la famille proche des associés (c'est-à-dire autres que le conjoint et les parents en ligne directe). Pour ces personnes, la procédure d'agrément peut simplement être aménagée, en fixant des conditions de majorité plus souples que l'unanimité normalement requise. Par exemple, les statuts peuvent prévoir que certaines personnes (des frères et sœurs, par exemple) seront agréées si la majorité des associés y consent, les autres personnes restant soumises à la règle de l'unanimité.

Aménager la gestion de la société

Les statuts fixent les règles de nomination du gérant et le mode d'organisation de la gérance. Ils prévoient généralement que les associés sont libres de nommer un ou plusieurs gérants.

La nomination du gérant

Le premier gérant doit être nommé à la création de la société. C'est en principe lui qui effectue les formalités d'immatriculation de la

QUI EST TITULAIRE DU POUVOIR D'AGRÉMENT ?

En principe, l'agrément d'un nouvel associé est accordé par décision unanime des associés de la SCI. Les statuts peuvent cependant convenir de règles de majorité différentes (les 2/3 des associés, par exemple), ou prévoir que l'agrément d'un nouvel associé sera accordé par le gérant de la société. Dans ce dernier cas, il faut prendre garde à ne pas accorder ainsi des pouvoirs exorbitants au gérant : il déciderait alors lui-même, et seul, de la personne à qui il vend ses propres parts. En pratique, la clause donnant le pouvoir d'agrément au gérant d'une SCI constituée entre parents et enfants, pour faciliter la transmission du patrimoine, ne présente guère de risque. Il est aussi possible de combiner les possibilités, en imposant une décision des associés pour l'agrément de certaines personnes (des personnes étrangères à la famille, par exemple) et une simple décision du gérant pour d'autres (les frères et sœurs des associés, par exemple).

société. Il est le plus souvent désigné dans les statuts, mais il peut aussi l'être par un acte distinct annexé aux statuts, ou par une décision des associés prise en assemblée générale.

Sauf disposition contraire des statuts, le gérant est révocable par une décision des associés représentant plus de la moitié des parts sociales (*article 1851 du Code civil*). Pour éviter de mettre le gérant à la merci de ce genre de désaveu (un changement de majorité dans la SCI), il faut donc prévoir une clause adéquate, en augmentant la majorité requise pour révoquer le gérant, par exemple. Le gérant accomplissant tous les actes de gestion que demande l'intérêt de la société, ses pouvoirs doivent être aménagés en ce sens (voir p. 89). En effet, il engage la société par les actes qu'il effectue et qui entrent dans l'objet social.

Les décisions des associés

Les décisions qui excèdent les pouvoirs reconnus aux gérants sont prises par les associés réunis en assemblée générale (ou par consultation écrite, voir p. 82). Les statuts fixent les règles de convocation et de fonctionnement de ces réunions. Ils déterminent aussi les règles de majorité à appliquer pour prendre les décisions. À défaut, les décisions ne pourront être prises qu'à l'unanimité des associés, ce qui met la société à la merci de la moindre mésentente entre eux. Pour plus de précisions sur le fonctionnement des assemblées générales, voir p. 94.

Les formalités de constitution

L'accomplissement des formalités d'enregistrement et de publicité permet à la société d'exister aux yeux des tiers en lui conférant une existence légale. C'est à partir de son immatriculation au Registre du commerce et des sociétés (RCS) que la SCI acquiert la personnalité morale, c'est-à-dire une existence propre ; elle peut dès lors agir et passer des actes de manière distincte de ses associés.

L'enregistrement des statuts et la publicité

Avant d'immatriculer la société, il faut procéder à son enregistrement et faire publier un avis de constitution dans un journal d'annonces légales (JAL).

Modèle d'avis de constitution à publier dans un journal d'annonces légales

Par acte sous seing privé fait à Suresnes en date du 14 février 2008,
il a été constitué une société civile dont les caractéristiques sont les suivantes :
Dénomination : SCI des Cerisiers / **Forme :** Société civile immobilière
Objet : L'acquisition, l'administration, la mise en valeur ou en location de tous immeubles / **Capital social :** 400 000 € / **Siège social :** 12 allée Pasteur, 92150 Suresnes / **Durée :** 99 ans / **Gérant :** Mr Ledoyen / La société sera immatriculée au Registre du commerce et des sociétés de Nanterre / Le gérant

L'enregistrement des statuts

Les statuts, qu'ils soient sous seing privé ou notariés, doivent être enregistrés préalablement à l'accomplissement des formalités de publicité et d'immatriculation de la société. Le plus souvent, cette formalité fiscale est accomplie gratuitement.

Si les associés n'ont apporté que des sommes d'argent à la SCI, l'enregistrement se fait dans le mois suivant la signature des statuts auprès de la recette des impôts dont dépend l'étude du notaire (si l'acte est notarié), ou celle du domicile de l'un des associés ou du siège social de la société (si l'acte est sous-seing privé).

Si les apports comportent des biens ou des droits immobiliers, l'enregistrement s'effectue auprès du Bureau des hypothèques dont dépend l'immeuble, dans les deux mois qui suivent la signature des statuts.

L'insertion dans un journal d'annonces légales (JAL)

Après l'enregistrement des statuts, un avis de constitution doit être publié dans un journal d'annonces légales du département du siège de la SCI. Il reprend les éléments essentiels permettant d'identifier la société. L'avis doit être signé par le notaire si les statuts sont notariés, ou par l'un des associés ayant reçu un pouvoir spécial à cet effet dans le cas contraire.

L'immatriculation de la société

Les formalités relatives à l'immatriculation de la société au Registre du commerce et des sociétés (RCS) sont concentrées dans un lieu unique, le Centre de formalité des entreprises (CFE). Pour l'immatriculation d'une société civile, le greffe du Tribunal de commerce dont dépend la société fait office de CFE. Cette étape est décisive, puisque c'est à compter de l'immatriculation que la société pourra se prévaloir de la « personnalité morale » et agir en son nom propre.

Les formalités à accomplir

La demande d'immatriculation d'une société civile est établie au moyen d'un imprimé « M0 – Société civile ». Ce document peut être téléchargé sur *www.service-public.fr*, rubrique « Professionnels », puis « Démarches et formulaires ». La demande d'immatriculation doit être accompagnée, notamment, des pièces suivantes :

- ✔ deux exemplaires des statuts ;
- ✔ une copie de l'avis de constitution publié dans un JAL ;
- ✔ la photocopie de la carte d'identité ou du passeport du gérant ;
- ✔ un extrait d'acte de naissance du gérant ;
- ✔ une attestation du gérant certifiant sur l'honneur qu'il n'a jamais fait l'objet d'une condamnation pénale ;
- ✔ la copie de tout document prouvant que la SCI dispose bien de la jouissance des locaux de la société (titre de propriété, copie du bail, contrat d'abonnement au téléphone...).

Le greffier du Tribunal de commerce procède à l'immatriculation de la SCI en lui attribuant un numéro d'identité (numéro « Siren ») et délivre un extrait « K bis » qui permet d'attester de l'existence de la société à l'égard des tiers. Il fait ensuite paraître un avis de constitution au Bulletin officiel des annonces civiles et commerciales (Bodacc).

Les attributs de la personnalité morale

Une fois immatriculée, la société devient une personne morale distincte des personnes physiques des associés. Dotée de la capacité juridique, elle peut passer des contrats (acheter un immeuble, signer un contrat de location, souscrire un emprunt...), mais uniquement dans les limites de son objet social.

LA REPRISE DES ENGAGEMENTS PRIS PENDANT LA CRÉATION

Le plus souvent, les associés réalisent des opérations pour le compte de la SCI en cours de formation (signature d'un compromis de vente, par exemple). La société ne disposant de la capacité juridique qu'à partir de son immatriculation, les associés sont personnellement responsables des obligations nées des actes accomplis. Pour que cette responsabilité soit transférée à la société, celle-ci doit reprendre les engagements pris avant l'immatriculation. Il faut indiquer dans les actes que ceux-ci sont passés « pour le compte de la SCI X., société en formation » et en annexer la liste aux statuts. L'immatriculation de la société entraîne alors la reprise de ces actes. Les associés peuvent aussi, dans les statuts ou par acte séparé, donner mandat à l'un ou plusieurs d'entre eux, ou au gérant non associé, de prendre des engagements pour le compte de la SCI. Le mandat doit déterminer l'étendue des pouvoirs délégués aux personnes mandatées. La reprise des actes peut aussi être décidée, une fois la société immatriculée, par une délibération spéciale des associés, prise en assemblée générale.

La société dispose d'un patrimoine propre, qui ne se confond pas avec le patrimoine de chacun des associés. Par exemple, les associés ne peuvent pas utiliser le compte courant de la société pour régler des dettes personnelles.

La modification des statuts

Les associés réunis en assemblée générale peuvent décider de modifications affectant les statuts : transfert du siège social dans un autre lieu, changement de gérant, modification de l'objet social ou du nom de la société, augmentation de capital...

Toute modification statutaire doit être publiée dans un journal d'annonces légales. Deux exemplaires de la décision des associés (le procès-verbal de l'assemblée générale), et deux exemplaires des statuts modifiés doivent être déposés au Registre du commerce et des sociétés dans le mois qui suit la modification. Ces documents doivent être certifiés conformes par le gérant et accompagnés du formulaire de modification M2 (M3-b en cas de changement de gérant), disponible sur *www.service-public.fr*.

Le coût de constitution d'une SCI

Le coût de constitution d'une SCI comprend principalement les honoraires du notaire. Il faut aussi compter avec les frais de publicité et d'immatriculation.

Les honoraires du notaire

Outre des honoraires « libres », le notaire peut prétendre à des émoluments tarifés en cas d'apport d'un bien immobilier au capital de la société.

Les honoraires libres. Il s'agit des honoraires de conseil et de rédaction des statuts dits « de l'article 4 », qui sont fixés par accord entre le notaire et son client. Ils sont par conséquent négociables, au besoin en faisant jouer la concurrence. Il faut compter 500 € HT au minimum, voire plus, selon la complexité du dossier. L'intervention du notaire ne se limitera pas à rédiger les statuts, il se chargera aussi de faire immatriculer la SCI au Registre du commerce et des sociétés.

Les émoluments proportionnels. En cas d'apport d'un bien immobilier à la société civile immobilière, et lorsque cet acte est constaté dans les statuts, le notaire a droit, en plus des honoraires libres, à des émoluments proportionnels à la valeur du bien immobilier. Ils sont calculés en appliquant le barème suivant :

- ✔ 2,392% TTC jusqu'à 6 500 € ;
- ✔ 0,9867% TTC de 6 501 à 17 000 € ;
- ✔ 0,6578% TTC de 17 001 à 30 000 € ;
- ✔ 0,49335% au-delà de 30 000 €.

Le calcul s'effectue tranche par tranche : pour un bien d'une valeur de 100 000 €, par exemple, le coût s'élève à 689,93 € TTC.

Les autres frais

Certains frais doivent être ajoutés aux honoraires du notaire. Le plus souvent, la constitution de la SCI n'est pas taxée par le fisc.

Les frais de publicité et d'immatriculation. Il faut compter avec les frais liés à la publication de l'annonce légale de constitution de la SCI, ceux de l'insertion au Bulletin officiel des annonces civiles et commerciales (Bodacc), sans oublier les frais d'immatriculation de la société au RCS via le centre de formalités des entreprises. En outre, en cas d'apport d'un bien immobilier à la société, les statuts doivent être publiés au Bureau des hypothèques, ce qui donne lieu au versement du salaire du conservateur des hypothèques (0,10% de la valeur du bien).

Les droits fiscaux. En général, une SCI n'est pas soumise à l'impôt sur les sociétés, chaque associé étant imposable au titre de son propre impôt sur sa quote-part dans les éventuels bénéfices de la société (les loyers, par exemple). Par ailleurs, les apports de chaque associé sont le plus souvent « purs et simples », c'est-à-dire qu'ils ne donnent droit qu'à l'attribution de parts sociales. Dans ces conditions, l'enregistrement de la société n'est pas taxé par le fisc, quel que soit le type d'apport : argent ou bien immobilier (voir p. 68).

Exemple de coût de constitution d'une SCI

Deux associés constituent une SCI. L'un apporte un bien immobilier d'une valeur de 100 000 €, l'autre une somme de 100 000 €. Le capital social est donc de 200 000 €. En contrepartie de ses apports, chaque associé reçoit des parts sociales. La SCI n'est pas soumise à l'impôt sur les sociétés.

Émoluments du notaire :

- Honoraires « libres » : on suppose qu'ils ont été fixés à 500 € HT, soit **598 € TTC**.
- Honoraires proportionnels pour l'apport immobilier : calculés sur la valeur du bien immobilier (100 000 €), ils s'élèvent à **690 € TTC**.
- Frais de formalités (demande d'état civil, émoluments de copie, demande d'extrait cadastral et d'état hypothécaire, rédaction de l'avis de constitution de la société) : environ **100 € TTC**.

Autres frais :

- Coût de l'état hypothécaire : **12 €**.
- Salaire du conservateur des hypothèques, calculé sur la valeur du bien apporté à la société : **100 €** (100 000 € x 0,10%).
- Publication de l'avis de constitution dans un journal d'annonces légales (variable selon le journal et la taille de l'annonce) : **150 € TTC**.
- Immatriculation au centre de formalités des entreprises (CFE) : **70 € TTC**.

Total : dans cet exemple, le coût de constitution de la SCI s'élève à **1 720 € TTC**.

CHAPITRE
6

La réalisation des apports

Les différents types d'apports

Les apports sont les biens mis en commun dans la société par les associés. Ils peuvent être effectués en nature (biens ou droits immobiliers notamment) ou en numéraire (une somme d'argent). Dans une SCI, les apports en industrie (l'apport d'un savoir-faire) sont extrêmement rares et ne seront pas abordés dans le cadre de cet ouvrage.

La réalisation d'un apport entraîne le transfert de propriété ou de jouissance du bien au profit de la société. L'apporteur acquiert la qualité d'associé et reçoit, en contrepartie, un nombre de parts sociales proportionnel à la valeur du bien qu'il a apporté. Le total des apports des associés forme le capital social de la SCI (voir p. 59). Il n'est pas nécessaire que la valeur ou la nature des apports des différents associés soit identique.

Les apports en nature

Dans une SCI, ils sont essentiellement constitués par des biens immobiliers. L'apport peut porter sur la pleine propriété du bien ou sur une fraction de propriété simplement : usufruit, nue-propriété, ou encore un simple droit de jouissance de l'immeuble.

Pour apporter un bien immobilier à la SCI, il est nécessaire de faire appel à un notaire. C'est lui qui se charge de faire publier l'acte au Bureau des hypothèques du lieu de situation de l'immeuble. La publication doit être effectuée avant l'immatriculation de la société au RCS (voir p. 62).

ATTENTION AU DROIT DE PRÉEMPTION

Si le bien immobilier apporté à la SCI est situé dans une zone de préemption urbaine, la commune est en droit d'exercer son droit. Elle est prioritaire pour son achat, pour la réalisation d'une opération d'intérêt général (des équipements collectifs, par exemple). L'apporteur doit, avant la réalisation de l'opération, adresser une déclaration d'intention d'aliéner (DIA) au maire, en indiquant la valeur estimée de l'immeuble. La commune a alors 2 mois pour décider d'acquérir le bien ou non. Si elle renonce à préempter, le bien peut être apporté à la société. Si elle décide d'acquérir, mais à un prix différent de celui proposé, l'apporteur a 2 mois pour accepter la proposition de la commune, renoncer à l'opération ou demander à ce que le prix soit fixé par le juge de l'expropriation. Un droit de préemption bénéficie aussi à l'État ou au département lorsque le bien est situé dans une zone d'aménagement différé (ZAD), ou au profit de la Safer (Société d'aménagement foncier et d'établissement rural) lorsque l'apport concerne des terres agricoles.

L'évaluation des apports en pleine propriété

Les associés déterminent librement la valeur du bien apporté à la SCI. En principe, l'évaluation correspond à la valeur vénale de l'immeuble, c'est-à-dire le prix auquel l'immeuble pourrait être vendu s'il était mis sur le marché. Cette valeur peut être déterminée par comparaison avec des biens similaires situés dans le même secteur géographique. Un professionnel de l'immobilier (notaire, agent ou expert immobilier) peut vous aider à en évaluer le prix véritable. Une juste évaluation des biens apportés est déterminante, dans la mesure où les droits de chaque associé dans le capital social sont proportionnels à leurs apports (voir p. 81).

L'apport de biens indivis

L'apport d'un bien détenu en indivision requiert l'accord unanime de tous ses propriétaires (les indivisaires). Il peut être rémunéré par l'attribution à chaque apporteur d'un nombre de parts sociales correspondant à sa quote-part dans l'indivision. Les apporteurs peuvent aussi demander l'attribution de parts sociales en indivision, auquel cas l'indivision des parts sociales se substitue à l'indivision portant sur le bien lui-même. Ils doivent alors désigner un mandataire unique pour les représenter. Dans les deux cas, les indivisaires acquièrent la qualité d'associés. Notez que les problèmes d'organisation susceptibles d'intervenir dans le cadre d'une indivision risquent de se reproduire en matière de vote dans le cadre de la société.

Même si ce n'est pas conseillé, il est aussi possible d'apporter, seul, sa quote-part d'un bien détenu en indivision. Dans ce cas, le droit de préemption des autres indivisaires ne s'exerce pas (*article 815-14 du Code civil*).

L'apport de droits démembrés

Il est possible de limiter son apport à l'usufruit ou à la nue-propriété d'un bien immobilier. L'apport donne droit à l'attribution de parts sociales en pleine propriété, calculées en fonction de la valeur du droit apporté (voir tableau p. 70).

En cas d'apport de l'usufruit, la SCI peut exercer toutes les prérogatives attachées à ce droit : elle peut utiliser le bien ou en tirer des revenus par sa mise en location. En revanche, elle ne peut pas le vendre. Notez que la durée maximale de l'usufruit apporté à une société ne peut excéder 30 ans (*article 619 du Code civil*).

En cas d'apport de la nue-propriété, la société ne peut pas utiliser l'immeuble, ni pour ses associés, ni pour le mettre en location. Elle en deviendra pleinement propriétaire au décès de l'usufruitier (ou avant, si l'usufruit a été constitué pour une durée plus courte).

Le nu-propriétaire et l'usufruitier apportent chacun leur droit. La SCI dispose alors de l'ensemble des prérogatives d'un plein propriétaire. Les apporteurs reçoivent des parts sociales en pleine propriété, en fonction de la valeur respective de leur droit. Il est aussi possible de reporter le démembrement de propriété initial de l'immeuble sur les parts sociales rémunérant l'apport.

L'évaluation de l'apport d'un droit démembré

Il s'agit, en partant de la valeur du bien en pleine propriété, de déterminer les valeurs respectives de l'usufruit et de la nue-propriété. En principe, l'évaluation se fait en utilisant un barème fiscal forfaitaire, basé sur l'âge de l'usufruitier. Mais les associés sont libres de retenir une évaluation économique pour déterminer les valeurs respectives de l'usufruit et de la nue-propriété.

Dans le barème fiscal, la valeur de l'usufruit est déterminée en pourcentage, selon l'âge de l'usufruitier au moment de l'apport. Par exemple, l'usufruit d'un bien d'une valeur de 400 000 € détenu par une personne âgée de 75 ans est évalué à 120 000 € (30% de 400 000 €). La nue-propriété représente donc 280 000 € (400 000 € - 120 000 €).

BARÈME FISCAL DE L'USUFRUIT (article 669 du Code général des impôts)

Âge de l'usufruitier	Valeur de l'usufruit	Valeur de la nue-propriété
Moins de 21 ans révolus	90 %	10 %
Moins de 31 ans révolus	80 %	20 %
Moins de 41 ans révolus	70 %	30 %
Moins de 51 ans révolus	60 %	40 %
Moins de 61 ans révolus	50 %	50 %
Moins de 71 ans révolus	40 %	60 %
Moins de 81 ans révolus	30 %	70 %
Moins de 91 ans révolus	20 %	80 %
Plus de 91 ans révolus	10 %	90 %

Pour déterminer la valeur économique des droits, il faut prendre en considération à la fois la durée probable de l'usufruit et la rentabilité supposée de l'immeuble (5% par an, par exemple). L'espérance de vie théorique de l'usufruitier peut être déterminée à partir des tables de mortalité utilisées par les notaires. L'évaluation économique de l'usufruit est complexe et il est recommandé de faire appel à un professionnel (notaire, avocat...) pour la calculer. En principe, elle est supérieure à l'évaluation par le barème fiscal, dès lors que le taux de rendement du bien est supérieur à 3%.

Les apports en numéraire

Ce sont les sommes d'argent que les associés se sont engagés à verser à la société. Les fonds doivent en principe être « libérés » (c'est-à-dire versés) lors de la création de la SCI. Les statuts prévoient cependant généralement qu'ils seront versés ultérieurement, sur demande du gérant de la société. Cela permet à un associé d'entrer dans le capital de la SCI, alors qu'il ne dispose pas immédiatement des fonds pour le faire. Il pourra recourir à un emprunt pour financer son apport, ou mettre les sommes à disposition de la société par l'intermédiaire du compte courant d'associés (voir p. 84).

La « libération » des apports en numéraire

Il s'agit du versement effectif des sommes que les associés se sont engagés, dans les statuts, à apporter à la SCI. Les associés étant responsables du paiement des dettes sociales sur leur patrimoine personnel (voir p. 83), la loi n'exige pas le versement effectif des sommes apportées au moment de la constitution de la société. Très souvent, les statuts prévoient que les sommes seront versées ultérieurement, sur demande du gérant. L'associé qui ne verse pas les fonds en temps et en heure devient alors automatiquement débiteur des intérêts de cette somme (en général au taux légal), à compter du jour où elle devait être payée, ainsi que d'éventuels dommages et intérêts.

La libération différée des apports en numéraire permet de fixer le montant du capital social à la valeur de l'immeuble acquis par la SCI (au moyen d'un emprunt), alors même que les associés ne disposent pas des fonds nécessaires à la réalisation de l'apport.

Il est aussi possible de libérer le capital par compensation avec les bénéfices revenant aux associés (les loyers perçus par la société). Chaque année, l'assemblée générale de la société pourra ainsi décider d'affecter les bénéfices des associés à la libération de leur apport dans le capital de la SCI.

Exemple de libération différée des apports

Une SCI est constituée par trois associés pour l'achat d'un bien de 400 000 €. Le capital social peut être fixé à ce montant, même si les associés ne disposent pas effectivement de cette somme. Chacun d'entre eux apporte 50 000 € à la constitution de la SCI. Les 250 000 € restant sont financés par un prêt immobilier. Les associés libéreront le capital au fur et à mesure qu'ils verseront les sommes nécessaires au remboursement des mensualités de l'emprunt. Au final, la libération du capital social correspondra à la fin du remboursement du prêt.

Financer son apport par un emprunt

Il est assez rare, en pratique, que les fonds propres des associés leurs permettent de financer intégralement l'acquisition d'un immeuble. Le recours à l'emprunt est donc très fréquent.

Il existe deux possibilités de financement : soit les associés contractent un prêt personnel pour libérer les apports qu'ils ont promis d'effectuer ; soit la SCI emprunte elle-même pour financer l'acquisition de l'immeuble. Dans les deux hypothèses, les intérêts du prêt peuvent être déduits des revenus fonciers perçus par la société (lorsque l'immeuble est loué) et imposés entre les mains des associés (voir p. 120).

À ce titre, notez que si l'objectif des associés est de transmettre le patrimoine détenu par la SCI (à leurs enfants, par exemple), il est plus intéressant de financer l'acquisition des biens en faisant souscrire un emprunt à la société, car son montant est déduit de la valeur des parts retenue pour le calcul des droits de donation.

Les différents types d'apports
Les apports en nature
Les apports en numéraire
La rémunération des apports

Faire des avances en compte courant

Les versements (ou avances) des associés sur le compte courant de la société peuvent être utilisés pour libérer progressivement le capital social de la SCI. Une avance en compte courant étant un prêt consenti par un associé à la SCI, elle ne figure pas au capital social et ne donne pas lieu à l'attribution de parts sociales (voir p. 84). L'associé devient créancier de la société et la libération du capital social peut s'effectuer par compensation avec cette créance.

Pour alimenter le compte courant, les associés peuvent verser directement l'argent sur le compte courant de la société ou laisser à sa disposition les sommes qu'ils doivent recevoir (les bénéfices tirés des loyers, par exemple).

La rémunération des apports

La réalisation d'un apport confère à l'apporteur la qualité d'associé. Il participe alors à la vie sociale de la SCI et peut exercer tous les droits attachés à cette qualité : droit aux bénéfices, droit de vote en assemblée générale... (voir p. 94). La qualité d'associé le rend aussi responsable des dettes de la société, à la hauteur de sa quote-part dans le capital.

En principe, l'apporteur est rémunéré par l'attribution de parts sociales de la SCI, mais son apport peut aussi être rémunéré de manière différente.

L'APPORT D'UN BIEN GREVÉ D'UN PASSIF

Il est possible d'apporter à la SCI un immeuble dont l'emprunt souscrit pour son financement n'est pas totalement remboursé. L'apporteur peut conserver la charge du règlement de la dette, auquel cas il reste personnellement responsable du remboursement de l'emprunt. Il faut alors vérifier au préalable que le contrat de prêt ne contient pas une clause dite « de déchéance » imposant le remboursement immédiat de la dette, en cas d'apport du bien à une société sans l'autorisation du banquier. Mais, dans la plupart des cas, la charge de l'emprunt est transférée à la SCI. L'associé est alors rémunéré pour son apport par des parts sociales, mais uniquement à hauteur de la valeur nette du bien (valeur totale moins le montant de la dette). On parle dans ce cas d'apport mixte (voir p. 73).

Les apports purs et simples

Que l'apport soit réalisé en nature ou en numéraire (voir p. 68), l'apporteur est normalement rémunéré par l'attribution de parts sociales de la SCI, correspondant à la valeur du bien apporté : on parle d'apport « pur et simple ». Chaque part sociale représente une fraction du capital social de la SCI. C'est le nombre de parts sociales détenues par chacun des associés qui va déterminer leur poids respectif dans la société. En effet, le nombre de voix dont dispose un associé en assemblée est calculé, sauf disposition contraire des statuts, en fonction du nombre de parts sociales dont il dispose.

Les apports à titre onéreux et mixte

Les associés peuvent décider de modalités de rémunération différentes.
L'apport est à titre onéreux, lorsque l'associé est rémunéré autrement que par des droits sociaux. Dans la plupart des cas, la rémunération consiste en la prise en charge par la SCI d'un passif incombant à l'apporteur (l'emprunt souscrit pour acquérir l'immeuble apporté, par exemple). Ces apports ne concernent donc, par définition, que des apports en nature. L'apporteur ne recevant pas de parts sociales, il n'a ni le droit de percevoir des bénéfices, ni l'obligation de supporter les pertes.
Lorsque l'apport est mixte, l'associé est rémunéré pour partie par la remise de parts sociales et pour partie par un avantage définitivement acquis à l'apporteur, versement d'une somme d'argent ou reprise d'une dette par la SCI. Il est donc soumis au régime des apports purs et simples pour la partie rémunérée par des parts de la SCI et au régime des apports à titre onéreux pour l'autre partie. Les associés sont libres de désigner quelle partie de leur apport constitue un apport pur et simple et quelle partie constitue un apport à titre onéreux. Cela peut être utile pour déterminer le montant des droits d'enregistrement, lesquels dépendent de la nature du bien apporté (voir p. 74).

La fiscalité des apports

Un apport entraîne le transfert de la propriété du bien ou des sommes d'argent du patrimoine de l'associé vers celui de la SCI. Du point de vue fiscal, ce transfert de propriété est susceptible d'entraîner l'exigibilité de droits et taxes : droits d'enregistrement ; TVA immobilière ; plus-value immobilière.

Les droits d'enregistrement

La fiscalité des apports

- Les droits d'enregistrement
- La taxe sur la valeur ajoutée (TVA)
- L'imposition des plus-values immobilières

Une SCI familiale relève en général de l'impôt sur le revenu. En conséquence, chaque associé est imposable au titre de son propre impôt sur sa quote-part dans les bénéfices de la société (voir p. 121). Les apports des associés sont en principe exonérés de droits d'enregistrement, quelle que soit leur nature (en nature ou en numéraire). Lorsque, par exception, la société est soumise à l'impôt sur les sociétés, seuls les apports en numéraire sont exonérés de droits.

Une exonération de principe

Pour la perception des droits d'enregistrement, les apports « purs et simples » des associés (voir p. 72) ne sont pas considérés comme entraînant un transfert de propriété immédiat du bien, la société étant considérée comme un simple intermédiaire dans la transmission des biens. Dans ces conditions, l'enregistrement de la société n'est pas taxé par le fisc, et ce, quel que soit le type d'apport : une somme d'argent ou un bien immobilier.

Les droits de mutation seront perçus lorsque les biens retourneront dans le patrimoine des associés si, au moment du partage de l'actif social, un associé autre que l'apporteur reçoit le bien dans son lot. Bien sûr, si le bien apporté ne figure plus à l'actif de la société lors de sa dissolution, aucun droit ne sera perçu. Lorsqu'un bien immobilier quitte le patrimoine social de la SCI dans le cadre d'une vente, celle-ci donne lieu à la perception de droits de mutation, à la charge de l'acquéreur, au taux de 5,09%.

Notez que les apports faits en cours de société dans le cadre d'une augmentation de capital sont aussi exonérés de droits d'enregistrement. En revanche, ils donnent lieu à un droit fixe de 500 € (375 € si le capital de la SCI, après apport, reste inférieur à 225 000 €).

LES DROITS SUR LES APPORTS À TITRE ONÉREUX ET MIXTES

Les apports à titre onéreux ne sont pas rémunérés par des parts sociales (voir p. 73). Ils sont soumis aux droits d'enregistrement quel que soit le mode d'imposition de la société (impôt sur le revenu ou sur les sociétés). Lorsqu'ils portent sur des immeubles ou des droits immobiliers, ils sont taxés au taux de 5%. Lorsque l'apport porte sur un fonds de commerce, il est taxé uniquement sur la fraction de valeur qui dépasse 23 000 € (3% entre 23 000 et 200 000 €, 5% au-delà). Quant aux apports mixtes (voir p. 73), ils sont soumis au régime des apports purs et simples pour la partie rémunérée par des parts de la SCI (donc exonérée de droits) et au régime des apports à titre onéreux pour l'autre partie (donc taxée à 3 ou 5%).

La SCI relève de l'impôt sur les sociétés

Dans l'hypothèse, rare en pratique, où la SCI est soumise à l'impôt sur les sociétés (voir p. 124), seuls les apports en numéraire sont exonérés de droits d'enregistrement. Lorsqu'ils portent sur des biens ou des droits immobiliers, les apports sont soumis au droit d'enregistrement au taux de 5%. Lorsque l'apport porte sur un fonds de commerce, il est soumis au taux de 3% sur la fraction de valeur comprise entre 23 000 et 200 000 €, et de 5% sur la fraction qui excède 200 000 € (la fraction de valeur inférieure à 23 000 € est exonérée).

La taxe sur la valeur ajoutée (TVA)

La réforme de la TVA immobilière, applicable aux opérations réalisées depuis le 11 mars 2010, renforce le principe selon lequel l'apport d'un bien immobilier à une SCI est exonéré de TVA. Seule exception, lorsque l'apport concerne un immeuble neuf (de moins de 5 ans) qui avait à l'origine été vendu en état futur d'achèvement (Vefa). En revanche, les apports portant sur des immeubles de moins de 5 ans, autres que ceux acquis en Vefa, sont désormais exonérés de TVA. De même, sont désormais exonérés de TVA les apports de terrain à bâtir réalisés par des non assujettis à la TVA. Selon la nouvelle définition, un terrain est « à bâtir » lorsque des constructions peuvent y être autorisées en application des règles d'urbanisme (plan local d'urbanisme, autre document d'urbanisme en tenant lieu, carte communale…).

Lorsqu'elle est exigible, la TVA est perçue au taux de 19,6%. Elle est à la charge de la société bénéficiaire de l'apport. Corrélativement, les apports soumis à la TVA sont exonérés de droits d'enregistrement lors de la constitution de la SCI. Pour ceux effectués durant l'existence de la société (à l'occasion d'une augmentation de capital, par exemple), ils sont soumis à un droit fixe de 375 €. Ce droit est porté à 500 € lorsque le capital de la SCI (apport compris) est supérieur ou égal à 225 000 €.

L'imposition des plus-values immobilières

L'apport d'un bien ou d'un droit immobilier à la SCI est considéré fiscalement comme une vente. L'opération est taxable, bien que l'associé ne reçoive pas d'argent en contrepartie de son apport. La plus-value suit le régime d'imposition des ventes réalisées par des particuliers. Mais de nombreuses exonérations s'appliquent, de sorte que le champ d'application de la plus-value immobilière est, au final, relativement réduit. L'apport d'une somme d'argent, lui, est neutre, aucune plus-value n'étant enregistrée.

La fiscalité des apports

Les droits d'enregistrement

La taxe sur la valeur ajoutée (TVA)

L'imposition des plus-values immobilières

Les différents cas d'exonération

Il s'agit des mêmes cas d'exonération qu'en cas de vente d'un bien immobilier par un particulier.

L'apport de la résidence principale à la SCI. L'opération est totalement exonérée de plus-value dès lors qu'elle porte sur la résidence principale effective de l'associé au moment de l'apport. La résidence principale est définie comme l'endroit occupé la majeure partie de l'année par le contribuable. L'exonération s'étend à ses dépendances immédiates et nécessaires (un garage, par exemple), lorsqu'elles sont cédées en même temps que la résidence principale.

L'immeuble est détenu depuis plus de 15 ans. Un abattement de 10% est pratiqué sur la valeur du bien pour chaque année de détention au-delà de cinq. Par le jeu de l'abattement, l'apport est exonéré d'impôt sur la plus-value si l'apporteur détenait le bien depuis plus de 15 années.

La valeur du bien est inférieure à 15 000 €. En pratique, cette exonération concerne surtout les apports portant sur des garages ou des terrains de petite surface.

L'apporteur est retraité ou titulaire d'une carte d'invalidité. L'exonération est accordée sous conditions de ressources. En outre, l'apporteur ne doit pas être assujetti à l'impôt de solidarité sur la fortune (ISF).

Le calcul de la plus-value

Lorsque la plus-value est imposable, son montant correspond à la différence entre le prix de cession (valeur du bien lors de l'apport) et le prix d'acquisition (lors de l'entrée du bien dans le patrimoine de l'apporteur).

Déterminer les prix de cession et d'acquisition. Le prix de cession correspond en fait à la valeur des parts remises à l'associé en échange de son apport. Le prix d'acquisition s'entend du prix versé pour l'achat du bien, majoré des frais d'acquisition et de certaines dépenses de travaux. Si le bien a été reçu par succession ou donation, c'est la valeur vénale du bien, retenue pour calculer les droits de mutation à titre gratuit, qui constitue le prix d'acquisition (majoré des frais d'acte et des droits fiscaux).

La plus-value imposable fait ensuite l'objet d'un abattement de 10% par année de détention au-delà de cinq : par exemple, si l'immeuble est détenu depuis au moins 10 ans, l'abattement est de 50% (5 x 10%). Un abattement fixe de 1 000 € est ensuite appliqué sur le montant restant.

Le taux d'imposition est de 31,3%. Ce taux est constitué par l'imposition de la plus-value proprement dite, au taux de 19% (16% pour les apports réalisés avant le 1er janvier 2011), et par les prélèvements sociaux, au taux de 12,3%. C'est le notaire qui se charge des opérations relatives à la déclaration de la plus-value à la conservation des hypothèques, et qui procède au paiement de la somme préalablement versée par l'apporteur.

CHAPITRE
7

Les associés de la SCI

Qui peut entrer dans la SCI ?

Pour être valablement constituée, une SCI doit comporter au moins deux associés. De par sa nature familiale, elle est souvent composée entre époux, avec ou sans leurs enfants, entre frères et sœurs, indivisaires, partenaires de Pacs ou concubins.

Les couples mariés et la SCI

Deux époux peuvent, seuls ou avec d'autres personnes, être associés dans une SCI. Lorsque la SCI est constituée avec les deux époux, chacun d'entre eux peut apporter des biens propres ou des biens communs. Lorsqu'un seul des conjoints est associé dans la SCI, se pose la question de l'origine des apports et de la propriété des parts sociales qui en résulte.

La SCI est constituée entre époux

Cette possibilité est admise même s'ils n'apportent que des biens communs à la société.

Les donations déguisées entre époux ne sont plus interdites. Il s'agit du cas, par exemple, d'époux mariés sous le régime de la séparation de biens qui constituent ensemble une SCI. La société achète un immeuble, financé par des fonds personnels de l'un des époux. L'autre époux reçoit la moitié des parts sociales, sans contrepartie : il bénéficie d'une donation déguisée. Depuis 2005, ce type de donation est autorisé et il n'est plus nécessaire de faire rédiger les statuts par un notaire pour écarter tout risque d'annulation de la société. En revanche, bien que reconnue officiellement, la donation reste soumise aux règles générales des libéralités (rapport à la succession, réduction des libéralités excessives...).

POUR DEVENIR ASSOCIÉ D'UNE SCI, IL FAUT FAIRE UN APPORT

À la constitution de la société, chaque associé est tenu de faire un apport (voir p. 68). Il reçoit en contrepartie des parts sociales et participe à la vie de la société. Il est aussi possible de devenir associé ultérieurement, par la réalisation d'un apport, dans le cadre d'une augmentation de capital décidée en assemblée générale. La qualité d'associé s'obtient aussi par l'acquisition de tout ou partie des parts sociales d'un associé déjà en place, que la cession des parts intervienne à titre onéreux ou à titre gratuit (par donation ou succession). Les statuts prévoient généralement que l'entrée d'un nouvel associé dans la société doit être agréée par les associés en place.

La propriété des parts. Pour des époux mariés sous un régime séparatiste, les parts sociales reçues constituent un bien propre lorsqu'elles sont reçues en contrepartie de l'apport d'un bien propre. Pour des époux mariés sous un régime de communauté, les parts sociales peuvent, selon les cas, représenter des biens propres ou communs. Par principe, tous les biens acquis par les époux pendant le mariage sont présumés être des biens communs. Si l'apport porte sur un bien propre de l'un des époux, le sort des parts sociales diffère selon qu'il s'agit d'un apport en numéraire ou de l'apport d'un bien immobilier. Telle semble être, en tout cas, l'analyse retenue par la Cour de cassation. Les parts sociales remises en contrepartie d'un bien immobilier propre constituent des biens propres. En revanche, si un époux apporte une somme d'argent provenant de fonds propres, ou de la vente d'un bien propre, les parts sociales constituent un bien commun, à moins que l'époux n'ait pris soin d'insérer dans l'acte d'apport une clause d'emploi ou de remploi (*Cass. civ. 1re du 5.3.91, n° 87-18298*).

Un seul des époux est associé dans la SCI

Lorsqu'un époux constitue ou participe à une SCI sans son conjoint, se pose la question de l'origine des apports qu'il effectue.

Pour des époux séparés de biens, pas de difficulté particulière. L'époux associé peut apporter sans restriction ses biens personnels à la SCI. Avec une nuance toutefois, lorsque l'apport a pour objet le domicile conjugal du couple, il doit, à peine de nullité de l'acte, recueillir le consentement préalable de son conjoint.

Pour des époux communs en biens, chacun d'entre eux peut apporter librement ses biens propres à une SCI (avec la même limite concernant le logement familial).

L'un des époux peut aussi apporter seul un bien commun à la SCI. Les parts sociales entrent alors dans la communauté, mais seul l'époux qui a réalisé l'apport a la qualité d'associé. Il doit toutefois informer son conjoint qu'il souhaite apporter un bien commun et justifier de cette information dans l'acte d'apport. À défaut d'information, l'annulation de l'acte serait encourue. Cette information permet à l'autre époux de revendiquer la qualité d'associé pour la moitié des parts sociales reçues. Il peut aussi renoncer par écrit (dans l'acte d'apport) à son droit de revendication. Dans ce cas, seul l'époux apporteur a la qualité d'associé. Ce dernier ne peut pas pour autant disposer librement des parts sociales : celles-ci ayant été obtenues à l'aide de fonds ou d'un bien commun, elles constituent également des biens communs. Il ne peut donc ni les vendre ni les donner sans l'accord de son conjoint. La revendication peut aussi être faite ultérieurement à l'apport, mais, dans ce cas, le conjoint peut être soumis à la procédure d'agrément prévue dans les statuts (voir p. 42 et 60).

La SCI entre indivisaires

Qui peut entrer dans la SCI ?

Les couples mariés et la SCI

La SCI entre indivisaires

Des indivisaires peuvent souhaiter créer une SCI pour échapper aux lourdeurs de gestion d'un bien en indivision (voir p. 22). Il peut s'agir aussi bien de frères et sœurs ayant hérité de la maison familiale au décès de leurs parents, que de couples pacsés ou vivant en concubinage.

Les associés sont partenaires de pacs

Les partenaires de pacs relèvent automatiquement d'un régime calqué sur celui de la séparation de biens. Dans ce régime, chaque partenaire reste seul propriétaire des biens qu'il possédait avant le pacs ou qu'il acquiert en cours de pacs. En conséquence, les parts sociales sont attribuées au seul apporteur du bien à la société. Pour être associé dans la SCI, l'autre partenaire doit donc lui aussi faire un apport.

Les partenaires peuvent préférer le régime de l'indivision au régime de séparation prévu par défaut. Si tel est le cas, tous les biens acquis (ensemble ou séparément) en cours de pacs leur appartiennent pour moitié chacun. Chaque partenaire a la qualité d'associé et les parts sociales sont détenues en indivision entre eux, indépendamment de l'origine du bien apporté (un bien personnel ou indivis). Attention, en cas de rupture, celui qui a apporté la plus grosse partie du bien ne pourra pas remettre en cause le droit de propriété à 50% de son ancien partenaire. Ni même lui demander une compensation.

À noter, si le pacs a été conclu avant le 1er janvier 2007, les biens acquis par la suite par l'un ou l'autre des partenaires sont présumés indivis (sauf mention contraire dans l'acte d'acquisition).

La situation des concubins

Le concubinage ne créant pas de lien familial, les concubins associés d'une SCI sont placés juridiquement dans la même situation que n'importe

UN ENFANT MINEUR PEUT ÊTRE ASSOCIÉ

Un enfant mineur non émancipé peut être associé dans une SCI. Cette solution permet non seulement d'anticiper la transmission de son patrimoine, mais aussi de faire partir le délai de 15 ans de détention, au-delà duquel la revente des parts sociales est exonérée d'impôt sur la plus-value (voir p. 132). Pour que l'enfant puisse participer à la SCI, il faut l'accord de ses deux parents. Il est aussi recommandé de soumettre l'opération au contrôle du juge des tutelles, pour éviter que l'enfant ne remette en cause ultérieurement les engagements pris pour lui par ses parents (cette possibilité lui est offerte pendant les 5 premières années de sa majorité). En outre, l'intervention du juge est obligatoire en cas d'apport à la société d'un bien immobilier appartenant à l'enfant, de souscription d'un emprunt, ou si un seul des parents exerce l'autorité parentale. Lorsque le mineur est sous tutelle, le conseil de famille doit consentir à l'opération.

quel tiers associé. La SCI permet de protéger son concubin (voir p. 27), mais elle ne résout pas tous les problèmes liés à une rupture.

Droits et responsabilités des associés

La qualité d'associé donne droit aux bénéfices de la société, mais impose, en contrepartie, de participer aux dettes. Les associés prenant part à la vie sociale de la SCI, ils disposent d'un pouvoir de décision et de contrôle de la gestion de la société.

Les droits des associés dans la SCI

Ils prennent collectivement toutes les décisions qui ne relèvent pas des pouvoirs du gérant. Pour cela, ils doivent préalablement recevoir une information claire et précise sur la gestion de la société. Leur participation aux bénéfices peut être modulée par les statuts. En outre, tout associé peut, à tout moment, décider de se retirer de la société en cédant ses parts (voir p. 128).

La participation aux bénéfices

En principe, la part des bénéfices revenant à chaque associé est proportionnelle à sa part dans le capital : un associé détenant 20% du capital a droit à 20% des bénéfices. Les statuts peuvent cependant modifier cette répartition et prévoir des distributions plus importantes au profit de certains associés. Cela permet, par exemple, de faire profiter plus largement ses enfants des bénéfices, dans une société constituée avec eux. Il est cependant interdit d'attribuer la totalité des profits à un associé ou, au contraire, de l'exclure totalement de sa part de gains.

Les bénéfices ne sont pas obligatoirement versés chaque année aux associés. La décision de leur affectation est prise en assemblée générale. Il peut être décidé, par exemple, de les affecter à un compte courant d'associé ou de les mettre en réserve.

Le droit d'information des associés

Chaque année, le gérant rend compte de sa gestion aux associés de la SCI. Il doit leur fournir un rapport écrit sur l'activité de la société au cours de l'année ou de l'exercice écoulé, avec l'indication des bénéfices et des pertes. Cette information permet notamment aux associés d'approuver les comptes de la société lors de l'assemblée générale.

Les associés peuvent aussi demander, au moins une fois par an, à consulter les documents et livres sociaux de la société (contrats, factures...). Ils peuvent poser par écrit des questions au gérant à propos de sa gestion. Celui-ci doit leur répondre, également par écrit, dans le délai d'un mois.

Bien sûr, les statuts sont libres d'aménager les modalités d'information des associés et de leur reconnaître des droits plus larges.

Le pouvoir de décision

Lorsque la SCI envisage de réaliser une opération qui dépasse le cadre strict de la gestion courante, et donc excède les pouvoirs de son gérant, elle doit y être expressément autorisée par une décision collective des associés. En principe, les associés adoptent les décisions qui relèvent de leur compétence en assemblée générale. Cependant, dans un souci de simplification, il peut être procédé à une simple consultation écrite des associés, une procédure bien adaptée aux sociétés familiales pour éviter le formalisme des assemblées.

Les assemblées d'associés

Ce sont les statuts qui précisent les modalités de convocation et de prise des décisions dans une SCI. Le plus souvent, c'est au gérant qu'appartient le pouvoir de convoquer l'assemblée générale des associés. Celle-ci doit se réunir au moins une fois par an, pour approuver les comptes et décider du sort des bénéfices réalisés au cours de l'exercice passé. Les associés doivent être informés de la tenue d'une assemblée générale au moins 15 jours à l'avance. Dans les SCI familiales, du fait des rapports de proximité qu'entretiennent généralement les associés, la convocation est souvent effectuée verbalement. Il est toutefois recommandé d'avoir recours à l'écrit, notamment en cas de mésentente entre les associés.

Lors de la réunion, chaque associé a le droit de participer aux débats et de prendre part au vote. Son nombre de voix est souvent proportionnel au nombre de parts sociales qu'il détient. Mais les statuts peuvent prévoir un mode de répartition différent (un homme = une voix, par exemple). En revanche, il n'est pas possible de priver totalement un associé de son droit de vote. Pour une étude détaillée des attributions et du fonctionnement de l'assemblée générale, voir p. 94.

La consultation écrite des associés

Alternative à la convocation d'une assemblée générale, les statuts peuvent prévoir la consultation des associés par correspondance. Ce procédé facilite la participation de ceux qui sont géographiquement éloignés et ne peuvent participer physiquement à la réunion. Le gérant adresse aux associés, par courrier recommandé avec avis de réception, le texte des résolutions proposées et les documents nécessaires à la prise des décisions. Les associés retournent leur vote par écrit dans les délais fixés par les statuts (15 jours au minimum, à partir de la date de réception du courrier). Leur choix doit être clair : vote pour, contre ou abstention. Ils ne peuvent pas donner une réponse conditionnelle.

Une décision collective peut aussi résulter du consentement unanime des associés, constaté dans un acte (sous seing privé ou notarié). Par exemple, plutôt que de demander aux associés s'ils sont d'accord pour vendre un immeuble appartenant à la SCI, le gérant peut leur adresser directement une promesse de vente. Il suffit alors aux associés d'y apposer leur signature pour manifester leur accord, ce qui permet de gagner du temps. Bien sûr, cet objectif ne peut être atteint que si le gérant a la certitude, dès le départ, que tous les associés donneront leur accord à l'opération.

Les associés contribuent aux pertes

Dans une SCI, la responsabilité financière des associés n'est pas limitée au montant de leurs apports en capital comme dans une société commerciale, de type SARL par exemple. En effet, ils sont redevables personnellement des dettes de la société, proportionnellement au nombre de parts qu'ils détiennent dans le capital social.

Les actes du gérant engagent les associés

Les associés sont responsables à l'égard des tiers des actes du gérant, dès lors que ceux-ci entrent dans le cadre de l'objet social de la société. En particulier, ils doivent prendre en charge les dettes qui peuvent en résulter. Ils sont aussi responsables des décisions qu'ils ont adoptées en assemblée générale ou par le biais d'une consultation écrite.

Les créanciers qui souhaitent se faire rembourser doivent, dans un premier temps, agir contre la société. Ils ne pourront par la suite poursuivre le recouvrement des dettes auprès des associés que s'ils n'ont pu obtenir de la SCI le remboursement complet de la créance.

La répartition des pertes entre les associés

La contribution des associés aux pertes de la société est proportionnelle à leur quote-part dans le capital social. Un associé qui détient 20% du capital est donc tenu au paiement de 20% de la dette dont la société ne s'est pas acquittée, et ce, quel qu'en soit le montant.

Les statuts peuvent fixer une répartition différente, sans toutefois pouvoir imposer à un associé la prise en charge de la totalité des pertes.

Mais attention, cette répartition ne joue que dans les relations entre les associés et ne peut être opposée aux tiers créanciers. Par exemple, une SCI composée de 3 associés détenant chacun 25% des parts est liquidée avec 60 000 € de pertes. Selon les statuts, l'un des associés, nommément désigné, prend en charge la moitié du passif. Il doit donc s'acquitter de 30 000 € (20 000 € au profit des créanciers et 5 000 € à chacun des deux autres associés).

Les avances en compte courant

Une avance en compte courant désigne un prêt, généralement rémunéré, consenti par un associé à la société. À la différence des apports, elle n'entre pas dans la formation du capital social, car elle constitue une dette pour la société. L'associé qui verse des sommes en compte courant devient donc, en plus de sa qualité d'associé, créancier de la SCI à hauteur des sommes prêtées. Il ne reçoit pas de parts sociales au titre de ces sommes.

Un bon outil de financement

Les avances en compte courant répondent à un besoin de financement des activités de la SCI. Il s'agit de liquidités lui permettant de faire face à ses obligations.

Ajuster sa capacité financière aux besoins de l'activité

Les versements des associés sur le compte courant de la société peuvent servir à financer des travaux sur un immeuble loué. À ce titre ils permettent d'éviter le recours à un prêt classique auprès d'un établissement financier. Les avances peuvent aussi servir à rembourser un emprunt souscrit par la société, pour l'acquisition d'un immeuble, par exemple. En raison de leur souplesse, elles évitent d'avoir recours à une augmentation de capital. Elles sont aussi utilisées pour procéder à la libération progressive du capital de la SCI (voir p. 71).

Les associés alimentent le compte courant, soit en versant directement l'argent, soit en laissant à disposition de la société les sommes qu'ils doivent recevoir (les bénéfices tirés des loyers, par exemple).

Rédiger une convention écrite

Il est recommandé d'indiquer dans les statuts de la SCI que les associés pourront consentir des avances à la société. Cette précaution permettra notamment de rendre la convention opposable aux tiers qui viendraient à acheter des parts de la SCI. Les associés sont libres d'effectuer ou non des versements, la société ne pouvant pas les y contraindre.

Bien que figurant dans les écritures comptables de la société, il est conseillé de préciser les modalités de fonctionnement des avances, par écrit, dans une convention établie entre l'associé et la SCI. La convention prévoit notamment les modalités de rémunération de l'avance. Elle devra préciser le taux d'intérêt applicable. À défaut, c'est le taux d'intérêt légal qui s'applique. Il est aussi conseillé d'indiquer les modalités de remboursement des avances.

Le remboursement des sommes prêtées

Sauf si la convention conclue avec la SCI en dispose autrement, l'associé peut demander à tout moment le remboursement de ses avances. Ainsi, la convention peut prévoir le blocage du compte pendant une période donnée. Ce blocage peut permettre à la société d'obtenir plus facilement un prêt bancaire, les sommes bloquées servant de garantie financière pour la banque. Lorsque la société n'a pas la capacité de rembourser les avances en compte courant, elle peut les intégrer au capital social. Chaque associé reçoit alors des parts sociales en contrepartie des sommes qui figuraient sur son compte. La cession des parts par un associé entraîne le remboursement de ses avances en compte courant, soit par la société elle-même, soit par l'acquéreur des parts sociales.

L'IMPOSITION DES INTÉRÊTS VERSÉS PAR LA SOCIÉTÉ

Les intérêts versés aux associés en rémunération de leurs avances sont imposables entre leurs mains, en tant que revenus de capitaux mobiliers. L'associé peut choisir de les intégrer à son revenu global ou opter pour un prélèvement forfaitaire sur ces sommes au taux de 19%, plus 12,3% de prélèvements sociaux, soit un taux global d'imposition de 31,3%. La société, quant à elle, peut déduire les intérêts servis aux associés de ses revenus fonciers (lorsqu'elle loue des immeubles lui appartenant), dès lors que les avances en compte courant ont pour objet le financement de l'acquisition, de la construction, de la conservation, de la réparation ou de l'amélioration des immeubles (*CE du 8.7.88, n° 64902*).

CHAPITRE

8

Le fonctionnement de la SCI

La gestion quotidienne de la SCI

Personnage central dans la vie de la SCI, le gérant est nommé dans les statuts ou par un acte distinct, ou désigné collectivement par les associés. Il a pour mission de gérer au quotidien l'activité de la société. Représentant de la société vis-à-vis des tiers, il est responsable de ses actes devant les associés, qui peuvent lui laisser une grande liberté d'action ou au contraire limiter son domaine de compétence.

La désignation du gérant

La nomination d'un ou plusieurs gérants est obligatoire. En revanche, le nombre de gérants est déterminé librement dans les statuts. Il peut être choisi parmi les associés ou non.

Les modalités de désignation du gérant

Lors de la création de la SCI, il existe plusieurs possibilités pour désigner le gérant. Sa nomination peut être faite dès l'origine dans les statuts ou dans un acte distinct annexé aux statuts et signé par tous les associés. Elle peut également intervenir ultérieurement, sur décision des associés représentant plus de la moitié des parts sociales (à moins que les statuts ne fixent des conditions de majorités plus importantes). Si la société se retrouve temporairement sans gérant (suite à sa démission, sa révocation ou encore son décès), les associés doivent en nommer un nouveau, dans les conditions prévues par les statuts ou, à défaut, par décision des associés représentant plus de la moitié des parts sociales. À défaut de régularisation dans le délai d'un an, tout intéressé (un associé, un créancier) peut demander en justice la dissolution de la société.

Les statuts d'une SCI familiale peuvent comporter une clause de gérance successive. Par exemple, il peut être prévu qu'au décès du gérant, la direction de la société sera confiée à son conjoint puis, au décès de ce dernier, à l'un des enfants du couple. Une telle clause n'est valable que si elle a été adoptée à l'unanimité des associés.

Les formalités de publicité

La nomination du gérant doit faire l'objet d'un avis publié dans un journal d'annonces légales du lieu du siège social de la SCI. Tant que cette formalité n'est pas accomplie, la nomination du gérant n'est pas opposable aux tiers, lesquels peuvent contester la validité des engagements pris à leur égard par le gérant au nom de la société.

Une demande visant à faire inscrire le changement de gérant au Registre du commerce et des sociétés doit également être déposée au greffe du Tribunal de commerce. L'identité du premier gérant est publiée lors de l'accomplissement des formalités de constitution de la société (voir p. 62).

La cessation des fonctions du gérant, quelle qu'en soit la cause, entraîne les mêmes mesures de publicité.

La durée des fonctions du gérant

Les associés sont libres de déterminer la durée du mandat du gérant dans les statuts, ou lors de sa nomination (si les statuts le prévoient). Il est conseillé, soit de limiter cette durée pour pouvoir contrôler étroitement l'activité du gérant, soit de la calquer sur celle de la société pour lui permettre de jouir d'une meilleure stabilité.

Au terme de son mandat, les associés peuvent éventuellement reconduire le gérant dans ses fonctions, s'ils ont apprécié ses compétences, ou l'écarter s'ils ne sont pas satisfaits. À défaut de précision dans les statuts, le gérant est nommé pour la durée de la société.

Dans une SCI constituée entre parents et enfants, lorsque les parents sont gérants et désirent rester maîtres de la société, mieux vaut ne pas préciser la durée de leur gérance. Elle prendra fin automatiquement à leur décès ou lors de la dissolution de la SCI.

Les pouvoirs du gérant

Le gérant assure la gestion courante de la société dans le cadre de son objet social, tel qu'il a été défini précisément dans les statuts. Autrement dit, le gérant doit agir dans l'intérêt exclusif de la société

QUI PEUT ÊTRE DÉSIGNÉ GÉRANT ?

Toute personne, qu'elle soit associée ou non de la société, peut être nommée gérante de la SCI. Mais les statuts subordonnent généralement l'accès à cette fonction à certaines conditions : être associé, avoir un âge minimal ou une certaine ancienneté dans la société, disposer de compétences professionnelles particulières... Un enfant mineur ne peut pas être gérant d'une SCI, sauf s'il est émancipé (mais il peut être associé).

Certaines professions sont incompatibles avec l'exercice des fonctions de gérant de société (notaire, fonctionnaire, avocat, expert comptable). Mais des dérogations à cette interdiction sont prévues pour la gestion d'un patrimoine familial sans but lucratif (SCI de location exclusivement).

Enfin, les jugements prononçant la faillite personnelle d'un dirigeant ou une interdiction de gérer toute personne morale empêchent d'être nommé gérant d'une SCI.

et non pour favoriser des intérêts particuliers. Ses pouvoirs sont déterminés différemment selon qu'il s'agit de relations avec les associés ou avec des tiers à la SCI.

À l'égard des tiers

Les associés ont intérêt à définir très précisément l'objet social de la SCI, c'est-à-dire son domaine d'activité (voir p. 58), car c'est lui qui délimite le champ d'action du gérant. Un objet social imprécis ou trop large peut engager la société au-delà de l'intention des associés. Ces derniers peuvent donc, dans les statuts, limiter les pouvoirs du gérant.

Lorsque ses actes sont conformes à l'objet social et qu'ils sont conclus au nom de la société, le gérant engage celle-ci vis-à-vis des tiers. Il doit indiquer dans l'acte qu'il agit en qualité de gérant et mentionner la dénomination de la société. En revanche, les opérations qui n'entrent pas dans l'objet social doivent être autorisées par les associés, par une décision collective. À défaut, elles n'engagent pas la société, qui peut en demander la nullité en justice.

Par exemple, une SCI a pour objet social l'acquisition, la gestion, la location et l'administration de biens immobiliers, ainsi que l'emprunt de fonds pour la réalisation de ces opérations. Le gérant peut donc ouvrir des comptes bancaires, acquérir des biens en recourant à un emprunt garanti par une hypothèque et louer ensuite les immeubles. Il encaissera les loyers, tiendra la comptabilité et établira les déclarations fiscales. En revanche, la vente des biens de la SCI (et particulièrement de ses immeubles) ou la constitution de garanties sur des immeubles (une hypothèque, par exemple), sans rapport avec leur financement, doivent être préalablement autorisées par les associés. Ces opérations excèdent, en effet, le cadre de la gestion courante, tel qu'il est défini par l'objet social.

À l'égard des associés

Les pouvoirs du gérant à l'égard des associés dépendent des statuts. Il est possible de restreindre ses pouvoirs, notamment en matière

L'INTÉRÊT D'UNE GÉRANCE COLLÉGIALE

Rien n'interdit de nommer plusieurs gérants de la SCI. Les statuts peuvent prévoir un nombre fixe ou variable de gérants et organisent librement les modalités de cette « cogérance ». S'ils sont muets sur ce dernier point, chaque gérant a les mêmes pouvoirs que s'il était gérant unique. Si l'un d'eux veut s'opposer à la conclusion d'un acte, il doit faire opposition par huissier auprès du tiers qui envisage de passer l'acte. La cogérance peut être une solution à privilégier pour une SCI constituée entre concubins, afin que tous deux participent de manière égale à la gestion de la société. Les cogérants sont solidairement responsables vis-à-vis des tiers et de la société, c'est-à-dire que chacun d'eux peut être amené à réparer la totalité du préjudice subi par un tiers lésé.

d'emprunt et de cession des immeubles de la SCI. Les statuts doivent alors prévoir les modalités d'habilitation du gérant pour la conclusion de tels actes et, notamment, les conditions de majorité requises. À défaut, la décision devra être prise à l'unanimité.

Ces limitations peuvent également être fixées, au cours de la vie de la société, par une décision prise à la majorité arrêtée par les statuts ou, à défaut, à l'unanimité. La violation de ces limitations de pouvoirs engage la responsabilité du gérant.

Le gérant doit toujours agir dans l'intérêt de la société. Sa responsabilité serait engagée s'il effectuait des actes motivés par ses seuls intérêts personnels, sans lien avec l'intérêt de la SCI et ce, même s'ils étaient conformes à l'objet de la société. Ainsi, l'achat d'un immeuble par la SCI est une opération qui entre généralement dans l'objet social, mais il sera contraire à l'intérêt de la société si le prix est excessif.

La responsabilité du gérant

Le gérant de la SCI engage sa responsabilité en cas de violation des clauses statutaires limitant ses pouvoirs ou d'infraction aux lois et règlements en vigueur.

Il engage sa responsabilité civile pour toute faute commise dans sa gestion, dès lors qu'elle a causé un préjudice aux associés ou à la société : tenue défectueuse de la comptabilité, dépenses excessives, défaut de paiement de primes d'assurance entraînant la résiliation des contrats d'assurance, négligence dans la perception des loyers... La SCI qui subit un préjudice en raison des fautes commises par son gérant peut agir contre lui en tant que personne morale (voir p. 11). C'est aux associés qu'il appartient alors de déclencher une action sociale contre lui, au nom de la société. Par ailleurs, lorsque la faute du gérant cause un dommage aux associés, ils peuvent agir personnellement contre lui.

La responsabilité pénale du gérant peut aussi être engagée, s'il commet des infractions au Code pénal (délits d'abus de confiance, d'escroquerie, de faux et usage de faux...), ou s'il a intentionnellement empêché le recouvrement des impôts dus par la SCI. Il peut dans ce cas être condamné personnellement à les payer entièrement, pénalités comprises.

La révocation du gérant

En principe, les fonctions du gérant prennent fin à l'expiration de son mandat, dont la durée est fixée par les statuts ou par une décision des associés. Mais les associés peuvent le révoquer en cours de mandat, s'ils ne sont pas satisfaits de sa gestion. Le gérant peut aussi décider

La gestion quotidienne de la SCI
La désignation du gérant
Les pouvoirs du gérant
La responsabilité du gérant
La révocation du gérant

de mettre fin volontairement à sa mission, sans que les associés puisse s'opposer à son départ.

La décision de révoquer le gérant doit être justifiée par un « juste motif », c'est-à-dire des fautes importantes : mauvaise gestion financière caractérisée par un découvert bancaire excessif, mésentente grave entre deux cogérants entravant la gestion de la société, détournement de fonds... Si les associés révoquent le gérant sans motif, celui-ci peut engager une action en dommages et intérêts contre la société. S'il est associé, il peut également demander (sauf clause statutaire contraire) à se retirer de la société et solliciter le remboursement de ses droits sociaux.

Tout associé, s'il avance un juste motif, peut demander au tribunal la révocation du gérant. Une démarche très utile lorsque celui-ci est par ailleurs associé majoritaire de la SCI. Une décision des associés visant à mettre fin à ses fonctions est, en effet, totalement illusoire dans ce cas.

Les ressources de la SCI

Le capital social de la société est constitué par les apports en nature (en principe des immeubles) et en numéraire (une somme d'argent) réalisés par les associés. En contrepartie de leur apport, les associés reçoivent des parts sociales représentant chacune une quote-part du capital de la société.

Les apports en numéraire permettent à la société d'acquérir des immeubles et de se constituer ainsi un patrimoine social. Les immeubles acquis ou apportés à la SCI génèrent des revenus lorsqu'ils sont loués. La société peut aussi avoir recours à des emprunts pour acquérir son patrimoine (ou au moins compléter les apports des associés). En outre, les avances en compte courant des associés permettent à la société de faire face à ses besoins de trésorerie.

Les revenus tirés des immeubles

Les revenus de la SCI sont généralement constitués des loyers provenant de la location des immeubles qu'elle possède. Bien sûr, elle supporte aussi des charges sur ces biens (impôts, dépenses d'entretien, travaux...). Le bénéfice de la société est constitué par la différence entre les loyers qu'elle a encaissés et les charges supportées sur ses biens loués.

Ce bénéfice est partagé entre les associés, sous forme de dividendes, généralement au prorata de leurs droits dans la société. Si la société constate des pertes, les associés sont tenus d'y contribuer dans les mêmes proportions (voir p. 83). Les statuts peuvent fixer une répartition différente, mais elle ne joue que dans les relations entre associés et ne peut être opposée aux tiers. En revanche, les statuts ne peuvent pas priver un associé de tout droit aux bénéfices ou lui imposer la prise en charge de la totalité des pertes d'un exercice.

Au lieu d'être distribué chaque année aux associés, le bénéfice peut être mis en réserve dans la société, sur un compte spécifique. C'est l'assemblée générale, amenée à se prononcer sur les comptes annuels présentés par le gérant, qui décide de l'affectation des résultats. Mais quelle que soit l'option retenue, distribution ou mise en réserve du bénéfice, les associés sont imposés sur leur quote-part dans la catégorie des revenus fonciers (voir p. 121). Lorsque la société relève de l'impôt sur les sociétés, en revanche, les associés ne sont imposés que sur la part du bénéfice distribué (voir p. 124).

Si la SCI relève de l'impôt sur les sociétés, elle est soumise aux obligations comptables générales des sociétés commerciales. Elle doit enregistrer toutes les créances certaines et les dettes engagées, établir un compte de résultat, un bilan... Elle doit aussi tenir un livre journal, un grand livre et un livre d'inventaire.

Les avances en compte courant

Une avance en compte courant est un prêt accordé par un associé à la société, généralement pour une durée limitée et moyennant intérêts (voir p. 84). Elle répond à un besoin de liquidités de la SCI, pour lui permettre de faire face à ses obligations. L'associé peut alimenter le compte courant en y effectuant directement des versements, ou en laissant à la disposition de la société les sommes qu'il doit recevoir (sa part dans les bénéfices).

LES OBLIGATIONS COMPTABLES DE LA SCI

La plupart des SCI familiales relèvent de l'impôt sur le revenu. Elles organisent librement la tenue de leur comptabilité, notamment pour permettre au gérant de rendre compte annuellement de sa gestion, des bénéfices réalisés et des pertes subies par la société, de justifier des résultats de la société auprès du fisc, ou de faciliter l'évaluation des parts sociales (en cas de cession de parts, de retrait d'un associé ou de dissolution de la société). La société peut se contenter d'enregistrer simplement les recettes encaissées et les dépenses payées dans un livre de trésorerie. Celui-ci fera apparaître, pour chaque encaissement ou paiement, la date et le libellé de l'opération, la désignation du payeur ou du bénéficiaire du paiement, le montant et le mode de règlement. Des formules prêtes à l'emploi, sous forme de cahiers à plusieurs colonnes, existent en librairie-papeterie.

Les versements des associés sur le compte courant de la société peuvent servir, par exemple, à financer des travaux sur un immeuble loué. Elles évitent de conclure un prêt classique auprès d'un établissement financier. Elles peuvent aussi servir à rembourser un emprunt souscrit par la société, pour l'acquisition d'un immeuble. En raison de leur souplesse, les avances permettent d'éviter d'avoir recours à une augmentation de capital. Elles sont aussi utilisées pour procéder à la libération progressive du capital de la société (voir p. 71).

Le recours à un emprunt

La SCI peut recourir à un emprunt bancaire si les associés ne souhaitent pas, ou ne peuvent pas, faire des apports en numéraire, ni consentir des avances en compte courant. L'emprunt peut servir à financer l'achat d'un bien immobilier ou à réaliser de gros travaux, par exemple.

Privilégier le recours à l'emprunt plutôt que de réinvestir les bénéfices réalisés permet à la société de continuer à distribuer des bénéfices aux associés, leur assurant ainsi des revenus. En outre, cela permet aux associés de déduire des intérêts et frais d'emprunts de leurs revenus fonciers (voir p. 120).

Le gérant a le pouvoir de souscrire seul un emprunt au nom de la société si l'objet social le lui permet. C'est lui qui signe l'acte d'emprunt au nom de la société. La SCI peut recourir à un emprunt amortissable classique ou à un crédit « in fine ». Mais elle ne peut pas accéder aux prêts aidés par l'État réservés aux particuliers, tel un prêt à taux zéro (PTZ), par exemple. En revanche, une SCI non soumise à l'IS peut bénéficier, sous conditions, de l'éco-PTZ pour réaliser des travaux d'économies d'énergie.

Les assemblées d'associés

L'assemblée générale (AG) des associés est l'organe collégial de la SCI. C'est elle qui prend les décisions qui excèdent les pouvoirs du gérant définis dans les statuts et qui approuve sa gestion. C'est aussi le lieu au sein duquel les associés vont exercer leurs droits à participer à la vie sociale de la SCI.

La périodicité des réunions

Une AG ordinaire doit se tenir au moins une fois par an pour l'approbation des comptes et de la gestion et pour décider du sort des bénéfices réalisés au cours de l'exercice passé. La consultation des associés peut aussi intervenir à tout moment, en dehors des assemblées annuelles. Le gérant peut ainsi convoquer une AG extraordinaire dès lors qu'une décision excédant ses pouvoirs, ou entraînant une modification statutaire, doit être prise.

Le gérant convoque l'assemblée

C'est en principe le gérant qui fixe l'ordre du jour de l'assemblée, rédige le texte des résolutions à adopter et adresse les convocations à chaque associé, quelle que soit sa part dans la société. En cas de pluralité de gérants, chacun d'eux peut procéder aux convocations (voir encadré p. 90).

La convocation doit être adressée au moins 15 jours avant la tenue de l'assemblée, par lettre recommandée avec avis de réception. Une simple convocation verbale, sans délai, est cependant valable, dès lors que tous les associés sont présents ou représentés lors de l'assemblée. Mais attention, en cas de tension ou de mésentente entre eux, mieux vaut procéder par lettre recommandée.

Un associé non gérant peut également, à tout moment, demander au gérant, par courrier recommandé, de provoquer une délibération des associés sur une question déterminée. Si le gérant rejette la demande ou garde le silence pendant un mois à compter de la réception du courrier, l'associé peut solliciter du président du Tribunal de grande instance (en référé) la désignation d'un mandataire chargé de convoquer l'assemblée.

Quant au lieu de réunion de l'assemblée, la loi n'impose rien de particulier. Le seul impératif est de fixer un endroit aisément accessible à tous afin que chaque associé puisse exercer son droit à participer aux décisions collectives.

LES AUTRES MODES DE CONSULTATION DES ASSOCIÉS

La consultation des associés peut avoir lieu par correspondance, si les statuts de la SCI le prévoient. Ce procédé facilite la participation de ceux qui sont géographiquement éloignés. Le gérant adresse aux associés (en recommandé avec AR) le texte des résolutions proposées, ainsi que les documents nécessaires à la prise des décisions. Les associés retournent leur vote par écrit dans les délais fixés par les statuts en indiquant clairement leur choix (vote pour, contre ou abstention). Les décisions collectives peuvent aussi résulter du consentement unanime des associés, exprimé dans un acte écrit signé par tous. En pratique, ce procédé est fréquemment utilisé dans les SCI familiales, car il permet de prendre une décision rapidement, sans formalisme.

Le contenu de la convocation

La convocation doit indiquer la date, l'heure et le lieu de l'assemblée, ainsi que son ordre du jour (voir modèle p. 147). Le contenu et la portée des questions inscrites à l'ordre du jour doivent apparaitre clairement sans qu'il y ait lieu de se reporter à un autre document.

Les assemblées d'associés
La périodicité des réunions
Le déroulement de l'assemblée générale
Le procès-verbal des délibérations
L'achat d'immeuble par la SCI

Avant toute assemblée, les associés disposent d'un droit d'information. Le texte des résolutions proposées et tous les documents nécessaires à leur information sont tenus à leur disposition au siège social de la société, où ils peuvent en prendre connaissance et copie. S'il s'agit de l'AG ordinaire, le gérant doit adresser à chacun des associés :

- ✔ un rapport d'ensemble sur l'activité de la société avec indication des bénéfices et des pertes ;
- ✔ le texte des résolutions proposées ;
- ✔ tout autre document dont les associés doivent prendre connaissance pour porter un jugement éclairé sur la gestion (pièces comptables, résultats de l'exercice écoulé, perspectives d'avenir...).

Le déroulement de l'assemblée générale

Tout associé a le droit de participer à l'AG, quel que soit son nombre de parts. Aucune disposition statutaire ne peut l'en écarter. L'assemblée n'étant pas un lieu public, les associés ou le gérant peuvent s'opposer à la présence de tiers à la société lors de la réunion.

La tenue de la réunion

La loi n'impose pas de quorum pour que l'assemblée puisse valablement se tenir. Elle peut donc prendre des décisions même si très peu d'associés sont présents ou représentés. La tenue d'une feuille de présence n'est pas obligatoire, sauf si les statuts le prévoient. Le président de l'assemblée, en général le gérant de la SCI, dirige les débats et veille

L'ABUS DE MAJORITÉ OU DE MINORITÉ

Les associés majoritaires peuvent voir leur responsabilité engagée s'ils prennent une décision motivée uniquement dans leur intérêt exclusif, au détriment de celui de la SCI ou des associés minoritaires. En outre, ces décisions sont susceptibles d'être annulées par le juge. Par exemple, peuvent être annulées pour abus de majorité : la décision d'attribuer une rémunération excessive aux gérants de la SCI ; la fusion de la SCI avec une autre société, seulement motivée par la volonté de priver un associé minoritaire de son droit de rachat des parts sociales. À l'inverse, les associés minoritaires peuvent voir leur responsabilité engagée si leur refus systématique et injustifié de voter les résolutions proposées empêche la prise de décisions essentielles à la vie de la SCI et à la réalisation de son objet. Ainsi, des oppositions répétées à une augmentation de capital jugée indispensable engagent la responsabilité des actionnaires minoritaires.

au respect de l'ordre du jour. L'assemblée ne délibère valablement que sur les questions figurant à l'ordre du jour. En revanche, elle peut parfaitement débattre, sans vote, d'un sujet qui n'y est pas inscrit.

Le mode de scrutin

Le droit de vote est un droit fondamental des associés dont ils ne peuvent être totalement privés. En revanche, le nombre de voix dont dispose chaque associé peut être librement fixé et éventuellement restreint par les statuts. À défaut de précision dans les statuts, chaque associé dispose d'un nombre de voix proportionnel à sa quote-part dans le capital social.

Si les statuts le prévoient, un associé peut donner mandat à un autre associé ou à un tiers à la SCI pour le représenter lors de la réunion. Lorsque les parts sociales sont détenues par plusieurs associés en indivision, un mandataire unique doit être désigné par les indivisaires. En cas de démembrement des parts sociales, le droit de vote appartient au nu-propriétaire, sauf pour les décisions concernant l'affectation des bénéfices, auquel cas il est réservé à l'usufruitier.

Dans les SCI familiales, le vote a généralement lieu à main levée, mais il peut aussi être effectué à bulletin secret, si les statuts le prévoient ou si l'assemblée le décide. Les règles de majorité applicables aux décisions collectives sont fixées par les statuts. Par exemple, application de la majorité simple pour les décisions ordinaires (50% des voix + 1) et de la majorité renforcée pour les décisions plus importantes, comme la modification des statuts (2/3 ou 3/4 des voix, par exemple). À défaut de précisions dans les statuts, les décisions doivent être adoptées à l'unanimité.

Les statuts doivent également préciser comment se calcule la majorité : en capital ou en nombre d'associés ; sur la totalité des associés ou seulement des présents ou représentés.

Le procès-verbal des délibérations

Les décisions des associés, qu'elles aient été prises en assemblée ou par une consultation écrite, donnent lieu à l'établissement d'un procès-verbal établi et signé par le gérant (ou le président de séance, s'il est différent). Le procès-verbal doit contenir les mentions suivantes (voir modèle p. 148) :

- ✔ les nom et prénom des associés qui y ont participé ;
- ✔ le nombre de parts détenues par chacun d'eux ;
- ✔ les documents et rapports soumis aux associés ;
- ✔ le texte des résolutions mises aux voix (qu'elles aient été adoptées ou rejetées) ;
- ✔ le résultat des votes.

Lorsque les décisions ont été prises en assemblée, le procès-verbal indique également la date et le lieu de la réunion, les nom, prénom et qualité du président de séance et un résumé des débats.

Les procès-verbaux sont consignés dans un registre spécial tenu au siège de la société. Les pages du registre doivent être numérotées et signées soit par un juge du Tribunal de commerce ou du Tribunal d'instance, soit par le maire ou un adjoint au maire de la commune du siège social (cette formalité est gratuite).

L'achat d'immeuble par la SCI

Une SCI existante qui possède déjà un ou plusieurs biens immobiliers peut souhaiter acheter un bien supplémentaire. Cette décision doit être prise en assemblée générale, à la majorité prévue par les statuts pour ce type de décision. Lorsqu'il s'agit d'une décision importante, les statuts prévoient, en principe, une majorité renforcée (généralement les associés représentant les 2/3 ou les 3/4 du capital social). Dans le silence des statuts, la décision doit être prise à l'unanimité.

Pour financer cet achat, la SCI peut avoir recours à un emprunt bancaire. Les associés peuvent aussi faire des apports en numéraire. Dans les deux cas, l'opération aboutira à une augmentation de capital, la valeur de l'immeuble ou le montant des apports venant s'ajouter au capital initial. Le capital peut alors être augmenté de deux manières : par émission de parts sociales nouvelles ou par élévation de la valeur des parts existantes.

Une fois l'augmentation de capital réalisée, le gérant doit accomplir des formalités de publicité dans le mois qui suit la décision des associés : insertion d'un avis dans un journal d'annonces légales du département du siège social ; dépôt au greffe du Tribunal de commerce dont dépend la société d'une demande visant à modifier le montant du capital social au Registre du commerce et des sociétés. L'augmentation de capital doit aussi être enregistrée à la recette des impôts et donne lieu au paiement de droits à la charge de la société. Les apports en numéraire entraînent le paiement d'un droit fixe de 375 € (500 € pour les SCI ayant un capital, après apports, d'au moins 225 000 €).

CHAPITRE 9

La gestion des immeubles

La mise à disposition gratuite d'un bien

Les SCI familiales sont en fait des sociétés de gestion d'immeubles. Elles peuvent décider d'exploiter ou non les immeubles qu'elles détiennent, c'est-à-dire les mettre en location pour en tirer des revenus, ou les laisser gratuitement à la disposition d'un ou plusieurs de leurs associés. La mise à disposition gratuite d'un bien de la SCI au profit de ses associés est souvent motivée par la volonté de maintenir une maison de famille dans le patrimoine familial. Ce peut être le cas aussi de la SCI créée par des partenaires des Pacs ou des concubins lors de l'acquisition de leur résidence principale (bien que cette stratégie soit à déconseiller ; voir p. 35), ou encore lorsque le bien a été acheté par la société en vue de devenir la résidence secondaire des associés.

La SCI ne déclare pas de revenus

Une SCI qui laisse la disposition gratuite de ses immeubles à ses associés est considérée fiscalement comme s'en réservant la jouissance. Elle n'est pas imposée sur le « loyer théorique » que le bien lui aurait rapporté s'il avait été loué et n'a donc pas de recettes à déclarer (voir toutefois p. 116 pour les immeubles autres que les logements). Les associés, qu'ils soient occupants ou non, ne sont pas non plus imposés au titre de cette occupation.

Si la SCI ne déclare pas de recettes, elle ne peut pas non plus déduire de charges pour ce bien, et ce, quelle qu'en soit la nature : intérêts d'emprunt contracté pour l'acquisition, dépenses d'entretien, travaux de réparation... Notez que si tous les immeubles de la SCI sont laissés à la disposition gratuite des associés, si elle ne perçoit aucun revenu et qu'aucune rémunération n'est versée aux associés, la société n'est pas tenue de souscrire la déclaration de résultats n° 2072, sauf au titre de l'année de sa constitution (voir encadré p. 112).

Mais attention, si la SCI est soumise à l'impôt sur les sociétés (IS), elle ne bénéficie pas du principe de non-imposition du « loyer théorique ». Celui-ci est taxé à l'IS mais, en contrepartie, la société peut déduire les charges qu'elle supporte sur l'immeuble. Pour l'associé, l'avantage en nature que représente l'occupation gratuite est considéré comme un revenu distribué, donc imposable entre ses mains dans la catégorie des revenus mobiliers.

Les associés bénéficient de crédits d'impôts

L'associé qui occupe, à titre d'habitation principale, un logement appartenant à la SCI, peut bénéficier de crédits d'impôts en contrepartie des dépenses qu'il a engagées sur le bien. Les dépenses d'équipement prises en compte sont celles engagées entre 2005 et 2012 en faveur du « développement durable » et entre 2005 et 2011 en faveur de l'aide aux personnes. Les deux crédits d'impôt sont cumulables. À noter, depuis 2009 le crédit d'impôt « développement durable » s'applique également pour les dépenses réalisées dans un logement loué (voir p. 119).

Le crédit d'impôt « développement durable »

Les équipements éligibles au crédit d'impôt, les caractéristiques techniques et les performances minimales requises pour bénéficier du crédit d'impôt, sont régulièrement modifiés par les pouvoirs publics, de même que les différents taux applicables à ces équipements. En 2011, seules les dépenses suivantes ouvrent droit au crédit d'impôt :

- ✔ acquisition d'une chaudière à condensation, de matériaux d'isolation thermique et d'appareils de régulation de chauffage, dans un logement achevé depuis plus de 2 ans ;
- ✔ acquisition d'équipements de production d'énergie utilisant une source d'énergie renouvelable et de pompes à chaleur (sauf pour les pompes air/air), quelle que soit l'ancienneté du logement ;
- ✔ acquisition d'équipements de raccordement à un réseau de chaleur alimenté majoritairement par des énergies renouvelables ou par une installation de cogénération (production de chauffage et d'électricité), quelle que soit l'ancienneté du logement ;
- ✔ acquisition d'équipements de récupération et de traitement des eaux pluviales, quelle que soit l'ancienneté du logement ;
- ✔ réalisation d'un diagnostic de performance énergétique, en dehors des cas où la réglementation l'impose, dans un logement achevé depuis plus de 2 ans.

Le taux du crédit d'impôt varie de 15% à 50% du montant des dépenses, selon la nature de l'équipement. Il est calculé sur le seul prix des équipements, matériaux et appareils installés par le professionnel, tel qu'il apparaît sur sa facture, à l'exclusion de la main d'œuvre (sauf pour les matériaux d'isolation thermique des parois opaques, pour lesquels la main d'œuvre est incluse).

Les dépenses sont prises en compte dans la limite d'un plafond de dépenses, variable selon la situation de famille de l'associé qui occupe le logement à titre de résidence principale : 8 000 € pour une personne seule ; 16 000 € pour un couple soumis à imposition commune. Ces plafonds sont majorés de 400 € par personne à charge. Les dépenses sont prises en compte sur une période de 5 années consécutives entre

2005 et 2012. Autrement dit, une personne qui effectue des dépenses éligibles à plus de 5 ans d'intervalle durant cette période, pourra bénéficier du plafond à deux reprises.

Le crédit d'impôt « aide à la personne »

La mise à disposition gratuite d'un bien

La SCI ne déclare pas de revenus

Les associés bénéficient de crédits d'impôts

Il s'applique aux travaux d'équipements destinés à faciliter l'accès des personnes âgées ou handicapées à votre résidence principale. Trois types de dépenses y ouvrent droit : l'installation d'un ascenseur électrique dans un immeuble collectif achevé depuis plus de 2 ans ; l'installation ou le remplacement d'équipements conçus pour les personnes âgées ou handicapées (baignoires à porte, sièges de douche fixés au mur, appareils élévateurs de personnes, barres de maintien ou d'appui...) ; les travaux prescrits par un plan de prévention des risques technologiques (PPRT).

Le taux du crédit d'impôt est de 15% pour l'acquisition d'un ascenseur électrique et la réalisation de travaux dans le cadre d'un PPRT. Il est de 25 % pour les équipements spécialement conçus pour les personnes « fragiles ». Les dépenses retenues sont plafonnées à 5 000 € pour une personne seule et à 10 000 € pour un couple soumis à imposition commune. Ces montants sont majorés de 400 € par personne à charge. Le crédit d'impôt est calculé sur le prix d'achat TTC des matériaux et de la main d'œuvre, tels qu'ils figurent dans la facture de l'entreprise les ayant effectués (sauf pour les ascenseurs électriques, pour lesquels la main d'œuvre est exclue). Comme pour le crédit d'impôt en faveur du développement durable, le plafond des dépenses éligibles au crédit se renouvelle après 5 ans.

LES INTÉRÊTS D'EMPRUNT VERSÉS POUR LA RÉSIDENCE PRINCIPALE

Les intérêts des prêts contractés pour financer l'acquisition ou la construction d'un logement affecté à l'habitation principale ouvrent droit à un crédit d'impôt. Les associés des SCI peuvent en bénéficier pour la faction des intérêts acquittée par la société, au titre de l'acquisition du logement mis gratuitement à leur disposition, correspondant à leur quote-part dans la SCI. Les intérêts des emprunts souscrits personnellement par les associés pour faire leur apport y ouvrent également droit. Les intérêts payés chaque année sont pris en compte à hauteur de 3 750 € (pour une personne seule) ou 7 500 € (pour un couple), plafonds majorés de 500 € par personne à charge.

Le crédit d'impôt bénéficie aux 5 premières annuités de remboursement du prêt. Pour une acquisition réalisée dans l'ancien en 2010, le taux du crédit d'impôt est fixé à 40% des intérêts payés pour la première annuité et de 20% pour les 4 suivantes (frais d'emprunt exclus). Dans le neuf, le taux est de 30% la première année et 15% les 4 suivantes.

Attention, le projet de loi de finances pour 2011 prévoit la suppression du dispositif en 2011. Selon nos informations, les intérêts des emprunts contractés au titre de promesses de ventes signées avant le 31 décembre 2010 devraient cependant être retenus.

La location de locaux appartenant à la SCI

La plupart des SCI familiales ont pour activité la gestion et la location d'immeubles d'habitation. Elles peuvent cependant louer des murs pour l'exercice d'une activité industrielle, commerciale ou artisanale. Dans tous les cas, le contrat de location est conclu par la SCI. Il est soumis, sauf sur certains points particuliers, aux mêmes règles légales que si les associés louaient directement des biens leurs appartenant.

La location est un acte d'administration qui relève des pouvoirs du gérant. Ce dernier n'a donc pas à solliciter l'autorisation préalable des associés pour rechercher un locataire, s'assurer de sa solvabilité, rédiger et signer un bail au nom de la SCI. Il gère ensuite les relations avec le locataire. La société peut toutefois choisir de déléguer ces tâches à un professionnel (voir encadré p. 106).

La location de logements ou de locaux professionnels

L'activité de la SCI est par nature civile. Si elle se livre à l'activité de loueur en meublé, elle est considérée fiscalement comme exerçant une activité commerciale et relève à ce titre de l'impôt sur les sociétés (voir encadré p. 124). Pour rester soumise à l'impôt sur le revenu, la société ne doit consentir que des locations nues (non meublées). Elle peut louer des biens à usage d'habitation, professionnel ou mixte (habitation et professionnel).

Le bien constitue la résidence principale du locataire

Hormis les cas particuliers évoqués p. 104, la loi relative aux baux d'habitation (*loi n° 89-462 du 6.7.89*) ne distingue pas selon que le propriétaire du logement est une personne physique ou une SCI. Pour conclure un

LA LOCATION D'EMPLACEMENTS DE PARKING

Un garage ou un emplacement de stationnement loué avec le logement par le même propriétaire ne fait pas l'objet d'un bail distinct. Il est soumis, pour l'ensemble, au statut des baux d'habitation. Une SCI peut aussi louer un box ou un emplacement de stationnement seul, à condition que la location ne s'accompagne d'aucun service ou prestation (lavage...). Sinon, elle serait considérée comme commerciale et relèverait de l'impôt sur les sociétés. Les conditions de la location d'un parking sont fixées librement dans le contrat, en accord entre les parties.

La location de locaux appartenant à la SCI

- La location de logements ou de locaux professionnels
- La location de locaux commerciaux

contrat de location, vous pouvez vous procurer nos formulaires prêts à l'emploi sur notre site *www.leparticulier.fr*.

La durée du bail est de 3 ou 6 ans. La location nue à usage de résidence principale du locataire est conclue pour 3 ans minimum lorsque le bailleur est une personne physique, et pour 6 ans minimum lorsque le bailleur est une personne morale. Les SCI familiales constituées entre parents et alliés jusqu'au 4e degré (c'est-à-dire au maximum entre cousins germains) peuvent, à titre dérogatoire, conclure un bail de 3 ans. Elles peuvent aussi conclure un bail pour une durée plus courte, comprise entre 1 et 3 ans, si un événement précis, mentionné dans le bail, justifie qu'elles aient à reprendre le logement pour des raisons professionnelles ou familiales affectant l'un des associés. Attention, ces dispositions ne bénéficient pas aux SCI constituées entre concubins ou partenaires de Pacs, pour lesquelles la durée minimale du bail reste fixée à 6 ans (*Cass. civ. 3e du 8.11.95, n° 93-11196 ; Rép. min. n° 25671, JO Sénat du 3.5.07*).

Le congé pour reprise ne peut être délivré qu'au profit d'un associé. Un bailleur ne peut donner congé à son locataire qu'en fin de bail et pour l'un des motifs suivants : vente du bien ; reprise pour l'habiter ; motif légitime et sérieux. La reprise pour habiter ne peut être invoquée que par une SCI familiale constituée entre parents et alliés jusqu'au 4e degré inclus. Le congé doit alors être délivré exclusivement au profit de l'un de ses associés. Sont donc exclus du bénéfice de la reprise les proches de l'associé (conjoint, partenaire de Pacs, enfants, ascendants...), s'ils ne sont pas eux-mêmes associés (*Cass. civ. 3e du 19.1.05, n° 03-15922*). Le congé ne peut pas non plus être invoqué par l'associé unique entre les mains duquel sont réunies toutes les parts de la SCI (*Cass. civ. 3e du 31.5.07, n° 06-13524*). Pour être valable, le congé doit indiquer le nom et l'adresse du bénéficiaire de la reprise. Il doit être adressé au locataire par courrier recommandé ou par acte d'huissier au plus tard 6 mois avant la fin du bail. À défaut, le bail se reconduit tacitement.

Il est possible de cumuler une caution et une assurance loyers impayés. Si le locataire est un étudiant ne bénéficiant pas d'une bourse de l'enseignement supérieur ou un apprenti, la SCI échappe à l'interdiction de cumuler une assurance loyers impayés avec la caution d'un tiers, dès lors qu'elle a été constituée exclusivement entre parents et alliés jusqu'au 4e degré inclus.

La SCI peut conclure un bail professionnel

Le bail est professionnel lorsque le locataire utilise le bien pour l'exercice d'une profession non commerciale (médecin, avocat, notaire ou architecte, par exemple). La SCI doit, dans ce cas, conclure un bail écrit d'une durée minimale de 6 ans. À l'expiration du bail, la société peut refuser de le renouveler en donnant congé au locataire, sans avoir à se justifier. Un préavis de 6 mois doit toutefois être respecté. Quant au locataire, il peut partir à tout moment, en respectant un délai de préavis de 6 mois. À défaut de congé au terme de la location, le bail est reconduit tacitement. Les autres clauses et conditions du bail sont librement négociables.

Par dérogation, les parties peuvent toutefois décider de se soumettre volontairement au statut des baux commerciaux, lequel s'appliquera dans l'ensemble de ses dispositions (voir ci-dessous).

Le cas particulier du bail « mixte »

Un bail est dit « mixte » lorsque le bien est utilisé pour partie à usage d'habitation et pour partie à usage professionnel : par exemple, une partie de l'appartement familial d'un médecin sert de cabinet médical. La location relève alors intégralement des dispositions de la loi du 6 juillet 1989 sur les baux d'habitation.

La location de locaux commerciaux

Lorsque le locataire exerce une activité commerciale, artisanale ou industrielle, le contrat de location est soumis aux dispositions des articles L 145-1 et suivants du Code de commerce régissant les baux commerciaux. Pour cela, le locataire doit exploiter un fonds de commerce lui appartenant dans les locaux loués. Il doit être immatriculé au Registre du commerce et des sociétés s'il est commerçant ou industriel, ou au Répertoire des métiers s'il est artisan.

Comme pour un logement, le local commercial doit être loué nu. Si la SCI loue un local muni du mobilier ou du matériel nécessaire à l'exploitation, elle exerce une activité commerciale et relève de ce fait de l'impôt sur les sociétés.

Le bail commercial est assez contraignant pour le bailleur et offre un statut particulièrement protecteur au locataire (droit au renouvellement du bail, plafonnement du loyer...). Le contrat de location

SCI ET ALLOCATIONS LOGEMENT

En principe, les aides au logement (ALF, ALS, APL) ne sont pas attribuées aux locataires qui occupent un logement appartenant à l'un de leurs ascendants ou descendants, ou à leur conjoint, concubin ou partenaire de Pacs. Dans le cas d'une location consentie par une SCI dont les parts sont détenues par de proches parents, l'allocation est versée, car la société constitue une personne morale distincte des personnes qui la composent (*rép. min. n° 2184, JOAN du 25.11.02 ; circ. CNAF n° 2004-112 du 7.9.04*). Le locataire devra justifier de l'existence d'un contrat de location et du versement effectif d'un loyer. Il est donc plus avantageux, de ce point de vue, de louer à ses enfants par l'intermédiaire d'une SCI plutôt qu'en direct.

est d'une durée minimale de 9 ans. À l'expiration de cette période le locataire a droit, sous certaines conditions, au renouvellement de son bail. Le propriétaire peut refuser ce renouvellement, mais il doit alors, en principe, verser au locataire une indemnité d'éviction, généralement égale à la valeur de son fonds de commerce.

Les investissements locatifs spéciaux

Les associés d'une SCI peuvent bénéficier, à titre personnel, d'avantages fiscaux pour certains investissements locatifs réalisés par la société. À condition que celle-ci relève de l'impôt de l'impôt sur le revenu et que les loyers qu'elle encaisse soient imposés entre les mains des associés, dans la catégorie des revenus fonciers. Il s'agit des investissements réalisés dans le cadre des régimes Scellier ou Borloo-ancien ou dans une résidence de tourisme classée.

Un contribuable peut aussi relever des régimes Robien, Borloo-neuf, Besson ou Périssol, en cas d'investissement par l'intermédiaire d'une SCI, mais il n'est plus possible aujourd'hui d'opter pour ces régimes. Ils ne seront donc pas abordés dans le cadre de cet ouvrage.

Le dispositif Scellier

Le dispositif Scellier s'applique aux investissements réalisés entre 2009 et 2012. La fin du dispositif est toutefois reportée à 2013 dans les départements et collectivités d'outre-mer et à 2017 pour le Scellier

LA SCI PEUT DÉLÉGUER LA GESTION DU BIEN

Une SCI peut gérer elle-même la location de ses immeubles. Mais ce mode de gestion demande du temps et une bonne maîtrise des règles de droit : recherche du locataire, rédaction du bail, de l'état des lieux, délivrance de quittances, calcul des augmentations de loyer, suivi des travaux... Pour l'exécution de toutes ces tâches, la société peut faire appel à un professionnel (administrateur de biens, notaire...) et lui confier la gestion du bien. Pour cela, un mandat de gestion doit être signé entre la société, par l'intermédiaire de son gérant, et le gestionnaire, ce qui entraîne le versement d'honoraires. Sa durée est déterminée librement, en accord entre les parties. Concernant l'étendue de la mission du professionnel, la SCI peut limiter le mandat à la recherche d'un locataire et à la rédaction du bail ou bien confier la totalité de la gestion du bien.

« intermédiaire » (voir encadré p. 108). Ce régime fiscal de faveur permet aux associés de la SCI de bénéficier d'une réduction d'impôt étalée sur 9 ans. Attention, la société ne peut réaliser qu'un seul investissement éligible au dispositif Scellier par an.

Les investissements éligibles

Il s'agit principalement de la construction ou de l'acquisition de logements neufs ou en l'état futur d'achèvement (VEFA). Mais le Scellier peut aussi s'appliquer pour : l'acquisition, soumise à la TVA, de logements réhabilités par le vendeur ou de locaux transformés en logements par lui ; l'acquisition de locaux destinés à un autre usage que l'habitation et que la société transforme en logements ; l'acquisition de locaux inachevés qui, une fois les travaux effectués, ont la nature d'un logement ; l'acquisition de logements vétustes en vue de leur réhabilitation.

Le local doit être situé dans une commune qui se caractérise par un déséquilibre entre l'offre locative et la demande. Pour les investissements réalisés depuis le 1er janvier 2011, les pouvoirs publics ont découpé le territoire national en zones A, A bis, B1, B2 et C. Les communes de la zone C doivent cependant obtenir un agrément ministériel spécifique pour être éligible au dispositif.

Les engagements à respecter

La SCI doit s'engager à louer le logement non meublé, à titre de résidence principale du locataire, pendant au moins 9 ans. Les associés doivent aussi s'engager par écrit, vis-à-vis du fisc, à conserver leurs parts sociales pendant toute cette période.

La qualité du locataire. La SCI peut louer le logement à l'un de ses associés (ou à un membre de son foyer fiscal), mais ce dernier ne peut alors pas bénéficier de la réduction d'impôt. Les autres associés peuvent en bénéficier s'ils ne font pas partie du foyer fiscal du locataire.

L'associé titulaire de parts sociales démembrées (entre usufruit et nue-propriété) ne peut pas non plus bénéficier du dispositif, sauf si le démembrement résulte du décès de son époux ou partenaire de pacs. Le survivant usufruitier des parts peut, en effet, demander la reprise du dispositif à son profit.

Il est aussi possible de louer le bien à un organisme privé ou public qui le donne en sous-location non meublée à usage de résidence principale du sous-locataire (dans une maison de retraite ou pour personnes âgées dépendantes, dans une résidence-étudiants…).

Les plafonds de loyer. Le loyer mensuel par mètre carré, charges non comprises, ne doit pas être supérieur à un plafond, variable selon la zone où est situé le bien. Les plafonds sont relevés chaque année au 1er janvier en fonction de la variation de l'indice de référence des loyers (IRL).

Les investissements locatifs spéciaux

- **Le dispositif Scellier**
- Le régime « Borloo-ancien »

Les avantages fiscaux

Le dispositif Scellier ouvre droit à une réduction d'impôt sur le revenu. La base de calcul de cet avantage correspond au prix d'acquisition du logement (majoré du coût des travaux d'achèvement, de transformation ou de réhabilitation, le cas échéant), retenu dans la limite de 300 000 €. Chaque associé bénéficie de la réduction d'impôt à hauteur de la quote-part du prix de revient du logement correspondant à ses droits.

Pour un investissement réalisé en 2011, le taux de la réduction est de 15% (22% pour un logement répondant à la norme BBC – bâtiment basse consommation énergétique) ; 9% pour un investissement en 2012 (18% en BBC). Le taux de la réduction est uniformément fixé à 25% pour les investissements réalisés avant 2011. Dans les DOM et les COM, le taux est de 40% pour les investissements réalisés jusqu'au 31 décembre 2011 et de 35% pour ceux réalisés en 2012 et 2013.

La réduction d'impôt est répartie sur neuf années, à raison d'un neuvième de son montant chaque année. Lorsque la fraction annuelle de la réduction d'impôt excède l'impôt dû par le contribuable la même année, le solde s'impute sur l'impôt sur le revenu des années suivantes (dans la limite de 6 ans). La fraction non imputée au-delà de ce délai est perdue.

À noter, si le logement est situé dans une zone de revitalisation rurale (ZRR), vous bénéficiez, en plus de la réduction d'impôt, d'une déduction spécifique de 26%, applicable sur les loyers perçus pendant toute la durée de la location.

LE DISPOSITIF SCELLIER-INTERMÉDIAIRE

Dans ce dispositif, les loyers sont inférieurs d'environ 20% à ceux admis en Scellier et vous devez choisir un locataire aux ressources limitées (les plafonds de ressources varient selon le lieu où est situé le logement). En contrepartie, vous bénéficiez d'avantages fiscaux plus importants. Le Scellier-intermédiaire ouvre droit, en plus de la réduction d'impôt, à une déduction spécifique de 30%. Elle s'applique sur les loyers bruts perçus, avant déduction des autres charges supportées dans l'année. Si vous relevez du microfoncier, vous devez opter pour le régime réel pour en bénéficier. Attention, la déduction ne se cumule pas avec £celle de 26% accordée pour un logement en ZRR. Si vous remplissez les conditions pour l'application de ces deux déductions, vous devrez, bien sûr, choisir celle de 30 % ! Au terme des 9 ans de location initiale, vous pourrez continuer à louer dans les mêmes conditions, pour 3 ou 6 ans de plus, et bénéficier chaque année d'un complément de réduction d'impôt égal à 2% du prix de revient du logement.

Les modalités d'option pour le dispositif Scellier

La SCI doit remplir l'imprimé spécial n° 2044 EB (disponible sur *www.impots.gouv.fr*) et le joindre à sa déclaration de revenus n° 2072 (voir p. 112), déposée au titre de l'année d'achèvement des travaux ou du logement ou, si elle est postérieure, de son acquisition. Peu importe que le logement ne soit pas encore loué à cette date. Une fois exercée, l'option pour le Scellier est irrévocable. En tant qu'associé de la SCI, vous devez de votre côté prendre l'engagement de conserver vos parts pendant 9 ans. Vous devrez ensuite joindre chaque année à votre déclaration, l'attestation annuelle que la société doit vous remettre au plus tard début mai.

La remise en cause des avantages fiscaux

En cas de non-respect des engagements attachés au dispositif, la réduction d'impôt dont vous aurez profité sera remise en cause par le fisc. Concrètement, les fractions imputées de réduction d'impôt seront ajoutées à l'impôt dû au titre de l'année de rupture des engagements.

Toutefois, aucune réintégration ne sera effectuée si le non-respect des conditions de location ou de conservation du logement est lié au décès, à l'invalidité ou au licenciement de l'investisseur ou de son conjoint ou partenaire de pacs soumis à imposition commune.

INVESTIR DANS UNE RÉSIDENCE DE TOURISME

Les associés d'une SCI bénéficient d'une réduction d'impôt (à hauteur de leurs droits dans la société) lorsque celle-ci investit dans une résidence de tourisme classée. Sont concernés : l'acquisition de logement neufs ou en état futur d'achèvement situés dans certaines zones du territoire (zone de revitalisation rurale, agglomération nouvelle...) ; l'acquisition, en vue de leur réhabilitation, de logements achevés depuis 15 ans au moins, situés dans des stations classées ou dans certaines communes touristiques. La SCI doit s'engager à louer le logement nu pendant 9 ans au moins à l'exploitant de la résidence de tourisme. Les associés de la SCI doivent, quant à eux, s'engager à conserver leurs parts dans la société jusqu'au terme de ces 9 ans. La base et le taux de la réduction d'impôt diffèrent selon la nature et la date de l'investissement : dans le neuf, le taux de la réduction est de 25% du montant de l'investissement réalisé par la société ; dans l'ancien, le taux est de 20%. La réduction d'impôt s'étale sur 6 ans au maximum (7 ans pour un investissement dans l'ancien réalisé depuis 2009). Un associé peut séjourner dans le logement, sans que la réduction d'impôt soit remise en cause, dans la limite de 8 semaines par an, à condition de verser à l'exploitant au moins 75% du prix public.

Le régime « Borloo-ancien »

Il s'applique aux logements loués depuis le 1er octobre 2006, dans le cadre d'une convention signée avec l'Agence nationale de l'habitat (Anah), dans le secteur intermédiaire, social ou très social. La SCI doit louer le logement nu à titre de résidence principale du locataire. La durée de l'engagement est de 6 ans en cas de conventionnement sans travaux, et de 9 ans au moins si des travaux sont prévus. La convention fixe également les plafonds de loyers et les conditions de ressources des locataires. Les associés doivent conserver leurs parts pendant toute la durée de la convention signée avec l'Anah. Le logement ne doit pas être loué à un associé ni à un membre du foyer fiscal, un ascendant ou un descendant de l'associé.

Le Borloo-ancien permet de bénéficier d'une déduction spécifique sur les loyers bruts annuels. Le taux de la déduction est de 30% pour une location dans le secteur intermédiaire et de 60% pour une location en secteur social ou très social (45% si la convention a été conclue avant le 28 mars 2009).

Enfin, notez que le taux de la déduction est porté à 70% (au lieu de 30% en secteur intermédiaire et de 60% en secteur social ou très social), pour les baux conclus à compter du 28 mars 2009, si la location est consentie à un organisme privé ou public qui destine le logement à l'hébergement de personnes défavorisées ou dont la situation nécessite une solution locative de transition, sous réserve de conditions particulières.

CHAPITRE 10

L'imposition des revenus

L'imposition de la SCI à l'IR

La plupart des SCI familiales relèvent de l'impôt sur le revenu pour les revenus qu'elles tirent de la location de leurs immeubles. Elles sont dites « non transparentes » fiscalement. Autrement dit, les bénéfices qu'elles réalisent ne sont pas imposés en leur nom, mais directement entre les mains des associés. Une déclaration fiscale est déposée au niveau de la société, puis les associés déclarent la quote-part des bénéfices leur revenant dans leur propre déclaration de revenus. Les bénéfices des SCI sont, pour la plupart, constitués des loyers tirés de la location d'immeubles nus. Les associés de la SCI sont donc imposés personnellement, pour la quote-part des bénéfices leur revenant, dans la catégorie des revenus fonciers. Lorsque la location porte sur un bien meublé, la société relève de l'impôt sur les sociétés (voir p. 124).

Lors de la cession d'un immeuble par la SCI ou de tout ou partie de ses parts sociales par un associé, le gain éventuellement réalisé à cette occasion relève du régime des plus-values immobilières des particuliers (voir p. 132).

Les déclarations fiscales de la SCI

Les SCI non soumises à l'impôt sur les sociétés doivent remplir chaque année une déclaration de résultats n° 2072 et ses deux annexes n° 2072-TA et 2072-RA. Elles doivent aussi remettre une attestation aux associés, destinée à leur permettre de remplir leur propre déclaration fiscale (voir encadré p. 123). En principe la déclaration de résultats est établie par le gérant de la société. La date limite de dépôt est fixée chaque année au deuxième jour ouvré qui suit le 1er mai (soit, pour 2011, le 3 mai). Elle doit être adressée au centre des impôts du lieu du siège social de la société. Vous pouvez télécharger les formulaires de déclaration sur le site *www.impots.gouv.fr*, rubrique « Recherche de formulaires ».

LA SCI NE PERÇOIT PAS DE REVENUS

Lorsque la SCI se borne à mettre des logements à disposition gratuite de ses associés, elle est dispensée de souscrire chaque année la déclaration n° 2072. Elle doit simplement en établir une l'année de constitution de la société. La déclaration redevient obligatoire dès lors que la SCI encaisse des loyers, qu'elle verse une rémunération aux associés ou si une modification intervient au niveau de la société (modification de la répartition du capital, de la liste des immeubles, ou des conditions d'occupation des logements).

Les sommes à déclarer sur la déclaration n° 2072 comprennent toutes les recettes encaissées et toutes les dépenses payées au cours de l'année précédente. Le revenu net de chaque immeuble est calculé par différence entre les recettes et les charges. La déclaration précise également le détail des résultats à répartir entre les associés. À ce titre, le gérant de la SCI doit leur fournir, au plus tard à la date limite de dépôt de la déclaration, une attestation annuelle à joindre à leur déclaration de revenus fonciers. Il doit aussi remplir les deux annexes suivantes :

- ✔ l'annexe n° 2072 RA précise la répartition des résultats entre les associés. Elle correspond à l'attestation annuelle qui leur est remise. Le gérant doit remplir un feuillet distinct par associé ;
- ✔ l'annexe n° 2072 TA comprend la liste des propriétés appartenant à la société, la désignation des associés ou des tiers qui bénéficient de la jouissance gratuite des immeubles de la société, et l'identité des locataires de logements ouvrant droit à une déduction spécifique ou à un régime d'amortissement des logements neufs.

Si la société réalise un investissement soumis à un dispositif fiscal particulier (Scellier, Robien, Borloo, Besson, Périssol…), le gérant doit aussi joindre à la déclaration établie au titre de l'année d'achèvement du logement ou de son acquisition, si elle est postérieure, le formulaire d'option n° 2044 EB (ou la convention signée avec l'Anah pour le dispositif Borloo-ancien) ainsi que les pièces justificatives nécessaires.

Le défaut de déclaration dans les délais impartis est passible d'une amende de 150 €. Toutefois, cette pénalité n'est pas due s'il s'agit de la première infraction constatée au cours des 3 années précédentes ou si la société régularise la situation spontanément ou dans les 30 jours qui suivent une première demande du fisc.

Les modalités d'imposition des associés

Les associés qui détiennent des parts de SCI dans le cadre de la gestion de leur patrimoine privé, sont imposés en leur nom propre, dans la catégorie des revenus fonciers, sur la quote-part des bénéfices leur revenant correspondant à leurs droits dans la société (voir p. 121). Peu importe que ceux-ci ne soient pas distribués aux associés mais mis en réserve au niveau de la société.

Le montant à déclarer par chaque associé correspond aux revenus bruts encaissés par la société, diminués des charges déductibles, rapporté à la quote-part des droits leur revenant. Une répartition différente des bénéfices sociaux peut cependant être décidée par convention. Le fisc en tiendra compte si cette convention a été insérée dans les statuts et formalisée au Tribunal de commerce.

Le cas échéant, le résultat obtenu doit encore être diminué du montant des charges déductibles que vous avez personnellement supportées (principalement les intérêts de l'emprunt que vous avez souscrit pour acquérir vos parts dans la société). Il doit aussi être majoré, éventuellement, des rémunérations perçues en contrepartie d'une activité (gérant, par exemple), ainsi que des intérêts rémunérant les avances consenties à la société en compte courant (voir p. 84).

Lorsque des parts sociales sont démembrées entre un usufruitier et un nu-propriétaire, l'imposition est répartie de la manière suivante : si le résultat est bénéficiaire, l'usufruitier est seul imposable sur la quote-part des bénéfices sociaux correspondant aux parts démembrées ; si le résultat est déficitaire, seul le nu-propriétaire peut tenir compte de la quote-part des déficits de la société.

Les prélèvements sociaux s'ajoutent à l'impôt sur le revenu dû sur les bénéfices réalisés. Le taux des prélèvements est fixé à 12,3% depuis le 1er janvier 2011.

La détermination du résultat de la société

Les bénéfices réalisés par une SCI locative relevant de l'impôt sur le revenu sont imposés, non pas en son nom, mais au nom personnel de ses associés. Lorsque ces derniers sont tous des personnes physiques qui détiennent leurs parts sociales dans le cadre de la gestion de leur patrimoine privé, le résultat net de la société est déterminé selon les règles applicables en matière de revenus fonciers. Sur le régime d'imposition applicable aux associés (microfoncier ou réel), voir p. 121.

Les recettes à déclarer

Les SCI doivent déclarer sur l'imprimé n° 2072, et ses annexes, toutes les recettes encaissées et toutes les dépenses payées au cours de l'année civile précédente.

Les loyers et suppléments de loyer

La SCI doit déclarer le montant brut des loyers encaissés (directement ou par l'intermédiaire d'un gestionnaire de biens) au cours de l'année précédente, même s'il s'agit d'arriérés se rapportant à une année antérieure ou d'avances à valoir sur une année à venir. Elle doit aussi tenir compte des loyers qu'elle a négligés ou volontairement refusé d'encaisser.

En revanche, les loyers non perçus du fait du locataire ne sont pas à déclarer (impayés de loyers, départ du logement en laissant une dette…).

Le dépôt de garantie, versé par le locataire à l'entrée dans les lieux, ne doit pas être déclaré l'année de sa perception. Il n'est imposable qu'au départ du locataire, et uniquement pour la partie qui ne lui a pas été restituée (car destinée à compenser des loyers impayés ou financer la remise en état du bien du fait de dégradations constatées dans le logement).

Quant aux suppléments de loyers, ils doivent être déclarés l'année de leur perception. Il s'agit, principalement, des sommes reçues d'un nouveau locataire à titre de pas-de-porte, de droit au bail ou d'indemnité d'entrée dans les lieux, si leur versement constitue une condition de la location et trouve son origine dans l'exploitation de l'immeuble.

Attention, sauf circonstances particulières pouvant le justifier, si le montant du loyer est anormalement faible (location à des membres de sa famille, par exemple), le fisc peut retenir comme base d'imposition un loyer équivalent aux prix couramment pratiqués dans la zone où est situé l'immeuble.

Les sommes à la charge du locataire

Les provisions pour charges versées par le locataire et le remboursement du coût des travaux réalisés par la société pour son compte ne sont pas à déclarer. En contrepartie, la SCI ne peut pas déduire des loyers les dépenses engagées au titre des charges récupérables sur le locataire. Ces avances ne pourront être déduites qu'en fin de bail, et uniquement si elles n'ont pas été remboursées par le locataire à son départ (voir p. 116)

Les dépenses mises par contrat à la charge du locataire, et qui incombent normalement au propriétaire, sont à déclarer. Mais, s'agissant de charges déductibles des revenus (voir p. 116), il est possible de compenser les deux montants en ne tenant pas compte de ces sommes, ni en recettes, ni en dépenses. C'est surtout le cas pour un bail commercial, le propriétaire ne conservant généralement à sa charge que les grosses réparations de l'article 606 du Code civil.

Enfin, si le bail autorise le locataire (ou lui impose) à réaliser des travaux qui augmentent la valeur du bien loué (aménagement de locaux vétustes, par exemple), la SCI doit déclarer le montant de l'avantage qu'elle en retire, lors du transfert de propriété des aménagements effectués (en principe l'année où la location prend fin).

Les recettes diverses

Les revenus tirés de la location de certains droits attachés aux propriétés de la SCI sont à déclarer : location d'un emplacement publicitaire, du toit de la copropriété pour y installer une antenne relais, d'un droit de chasse ou de pêche…

La détermination du résultat de la société
- Les recettes à déclarer
- Les charges à déduire

Les indemnités et subventions perçues par la SCI sont imposables, si elles ont été versées pour couvrir des charges déductibles. Sont principalement concernées les subventions reçues de l'Agence nationale de l'habitat (Anah) ou pour mettre en conformité les bâtiments d'exploitation agricole. La SCI doit aussi déclarer les sommes reçues au titre des contrats d'assurance « garantie de loyers », pour compenser la vacance du logement ou des loyers impayés.

Les charges à déduire

Toutes les charges admises en déduction pour les bailleurs personnes physiques qui relèvent du régime réel d'imposition sont aussi déductibles pour les sociétés immobilières de location. Ainsi, les dépenses supportées pour l'encaissement des loyers doivent remplir les conditions suivantes pour être déduites des loyers : se rapporter à des immeubles dont les revenus sont imposables en tant que revenus fonciers ; avoir été effectivement payées au cours de l'année ; avoir été engagées en vue de l'acquisition ou de la conservation des revenus fonciers ; être justifiées. Si le montant des charges déductibles est supérieur aux recettes imposables, il se crée un déficit foncier, imputable dans certaines conditions et limites sur votre revenu global (voir p. 123).

Les charges récupérables non récupérées

Les provisions pour charges et les remboursements de travaux reçus du locataire ne sont pas à déclarer (voir p. 115). Par exception, le fisc autorise la déduction des charges et des dépenses récupérables sur le locataire dont la société n'a pu obtenir le remboursement à son départ. La déduction ne peut être pratiquée qu'au moment du départ effectif du locataire et non en cours de bail. Seules les charges non remboursées par le locataire au 31 décembre de l'année de son départ sont déductibles (la taxe d'enlèvement des ordures ménagères, par exemple).

LA VALEUR LOCATIVE DES BIENS NON LOUÉS

Il n'y a pas de recettes à déclarer si la société attribue la jouissance gratuite d'un logement à l'un de ses associés ou à un tiers. En revanche, la valeur des biens autres que des logements mis à la disposition des associés ou conservés par la société (qui ne cherche pas à les louer) doit être déclarée en recettes. Les biens concernés sont principalement les locaux professionnels, ainsi que les propriétés rurales qui ne constituent pas une exploitation agricole et qui ne sont pas affectées à l'habitation. Pour ces biens, la valeur à déclarer par la SCI est égale au loyer que produirait le bien s'il était loué. En contrepartie, la société peut déduire les charges afférentes à ces immeubles.

Les frais d'administration et de gestion

Vous pouvez déduire l'ensemble des dépenses supportées au titre de l'administration et de la gestion des immeubles loués non meublés. Bien entendu, seule la part de ces frais qui reste à la charge de la société est déductible. Il n'est donc pas possible de tenir compte de celle récupérable sur le locataire. Peuvent être déduits : les rémunérations des gardiens et concierges assurant la garde des biens loués (charges fiscales et sociales comprises) ; les salaires, honoraires et commissions, versés aux personnes qui assurent la gestion des biens loués (gérants d'immeubles, administrateurs de biens...) ; les frais de procédure engagés pour régler un différend avec un locataire ou un entrepreneur.

Toutes les dépenses qui n'entrent pas dans l'une de ces catégories (frais de correspondance, de téléphone, de mobilier de bureau, de logiciels...) sont déductibles uniquement par le biais d'un forfait de 20 € par local.

Les indemnités d'éviction et de relogement

La somme versée au locataire en cas de résiliation ou de non-renouvellement de son bail est déductible lorsqu'elle est engagée en vue de percevoir ou de conserver un revenu foncier : indemnité d'éviction versée pour récupérer les locaux afin de les relouer dans des conditions plus avantageuses après travaux, par exemple. Les frais supportés pour reloger les locataires pendant la durée des travaux réalisés dans les locaux sont déductibles s'ils sont nécessaires pour continuer à louer le bien et si leur montant n'est pas disproportionné.

Les primes d'assurance

Sont déductibles les primes versées pour couvrir les risques susceptibles d'affecter vos immeubles : incendie et risques annexes ; dégâts des eaux ; bris de glace, vol ou vandalisme ; dégâts causés par la tempête, la grêle ou la neige ; dommages causés par une catastrophe naturelle ; responsabilité civile ; impayés de loyers. Les primes d'assurance destinées à garantir le remboursement d'un prêt immobilier sont, elles, déductibles au titre des intérêts d'emprunt (voir p. 120).

Les provisions pour charges de copropriété

Si le bien loué est en copropriété, vous devez verser périodiquement des provisions pour charges et, le cas échéant, des provisions pour travaux votés en assemblée générale (AG). La régularisation interviendra l'année suivante, lors de l'approbation des comptes, en fonction des dépenses réelles. La prise en compte des charges de copropriété s'effectue en deux temps : déduction des provisions versées au cours de l'année au syndic, puis régularisation des provisions déduites des revenus fonciers l'année précédente.

La détermination du résultat de la société

Les recettes à déclarer

Les charges à déduire

Doivent être déduites, pour leur montant total, les provisions versées l'année précédente (en 2010 pour les revenus déclarés en 2011). Peu importe qu'elles correspondent ou non à des charges déductibles des revenus fonciers ou à des charges non récupérables sur le locataire. En revanche, les provisions spéciales appelées par le syndic pour faire face aux travaux susceptibles d'être nécessaires dans les 3 ans à venir, mais non encore décidés par l'AG, ne sont pas déductibles.
Doivent être régularisées, au vu du relevé individuel de charges, les provisions déduites l'année précédente (celles payées en 2009 et déduites des revenus déclarés en 2010). La réintégration dans les revenus fonciers (ceux déclarés en 2011) porte sur la part des provisions déduite l'année précédente. Elle correspond à des dépenses non déductibles des loyers (dépenses de construction de parties communes, par exemple) ou à des charges récupérables sur le locataire (dépenses de chauffage ou d'éclairage des parties communes, par exemple). Le relevé individuel de charges (pas toujours évident à déchiffrer) vous est remis par le syndic après approbation des comptes de la copropriété en AG.

Les travaux d'entretien et de réparation

Ils sont déductibles quelle que soit l'affectation de l'immeuble dans lequel ils ont été réalisés : logement, local commercial, bureau... Sont visés les travaux qui ont pour objet de maintenir ou de remettre l'immeuble en bon état, afin d'en permettre un usage normal, sans en modifier ni la consistance, ni l'agencement, ni l'équipement : remise en état du gros-œuvre (réfection des toitures, ravalement…) ; réfection de l'installation électrique, remplacement d'un ascenseur pour le rendre conforme aux normes de sécurité ; traitement des bois contre les parasites ; réalisation d'études et diagnostics (performance énergétique, état des risques technologiques…) préalablement à la location le bien ; remplacement d'éléments vétustes ou hors d'usage (une chaudière, par exemple) par des éléments de même nature ; modification d'une installation existante (une douche, par exemple), si elle n'a pas pour effet de doter le bien d'un nouvel équipement.

En revanche, les dépenses d'entretien courant et les réparations locatives prises en charge par la SCI à la place du locataire, ne sont déductibles que dans quelques cas particuliers. Par exemple, elles sont nécessités par la vétusté ou la force majeure (travaux de peinture après remise en état des conduits de fumée, par exemple) ; elles résultent d'un vice de construction ou d'une malfaçon ; elles sont engagées avant l'installation du locataire, en vue de faciliter la location, dès lors que les conditions de celle-ci sont normales, eu égard aux liens personnels ou familiaux des associés avec le locataire.

Les travaux d'amélioration

Le sort des dépenses d'amélioration dépend de l'affectation de l'immeuble dans lequel elles ont été réalisées.

Les dépenses d'amélioration réalisées dans un logement sont déductibles lorsqu'elles apportent un équipement ou un élément de confort nouveau ou mieux adapté aux conditions de la vie moderne, sans modifier ni le volume, ni la surface habitable, ni la structure de l'immeuble. Par exemple, l'installation d'un chauffage central, du tout-à-l'égout ou d'un dispositif de sécurité ; l'agrandissement des fenêtres ou la pose de volets ; l'installation d'équipements pour les personnes handicapées ; les travaux d'isolation thermique... Le fisc autorise aussi la déduction des améliorations effectuées sur un garage, si celui-ci constitue la dépendance immédiate d'une habitation louée. Sous cette condition, des travaux de transformation d'un emplacement de stationnement en box fermé peuvent être déduits.

Pour les locaux non affectés à l'habitation, les dépenses d'amélioration ne sont, en principe, pas déductibles. Tel est le cas, par exemple, du remplacement des fenêtres d'un local commercial par de nouveaux châssis en aluminium à double vitrage. Par exception, peuvent être déduites les améliorations destinées à faciliter l'accessibilité des personnes handicapées : pose d'une rampe, de mains courantes ou d'un revêtement antidérapant au sol, élargissement des portes, suppression de marches, aménagement des pièces d'eau... Le fisc admet aussi la déduction des travaux d'enlèvement de l'amiante et de ceux destinés à assurer son innocuité. Dans une propriété rurale, seules quelques améliorations peuvent être déduites telles, par exemple, celles qui s'incorporent aux bâtiments d'exploitation et sont destinées à satisfaire aux obligations de protection de l'environnement.

L'OPTION POUR LE CRÉDIT D'IMPÔT « DÉVELOPPEMENT DURABLE »

Le crédit d'impôt « développement durable », accordé aux contribuables qui réalisent des travaux d'économie d'énergie dans leur habitation principale, a été étendu, depuis 2009, aux bailleurs qui font réaliser de tels travaux dans un logement loué (voir p. 101). Pour en bénéficier, la SCI doit s'engager à louer le logement non meublé pendant au moins 5 ans après les travaux, à usage de résidence principale du locataire. Bien sûr, ce sont les associés qui bénéficient directement du crédit d'impôt, à hauteur de leur participation dans la société.

Les dépenses éligibles au crédit d'impôt sont retenues dans la limite d'un plafond distinct de celui applicable aux dépenses faites dans votre résidence principale. Ce plafond est fixé à 8 000 €, pour toutes les dépenses effectuées dans vos logements loués entre 2009 et 2012. En outre, au titre d'une même année, le nombre de biens pouvant profiter de la mesure est limité à trois par foyer.

Attention, les dépenses retenues pour l'application du crédit d'impôt ne sont pas déductibles des revenus fonciers (seule la fraction excédentaire l'est, s'agissant d'améliorations réalisées dans un logement).

En revanche, les travaux de construction, de reconstruction et d'agrandissement ne sont pas déductibles des revenus fonciers, et ce, quel que soit l'usage du bien (habitation, local professionnel…).

Les modalités de déduction des travaux

La détermination du résultat de la société

Les recettes à déclarer

Les charges à déduire

Peuvent être déduits le coût des travaux proprement dit ainsi que les dépenses annexes (les honoraires d'architecte, notamment). Seules les dépenses réellement engagées sont déductibles, même s'il ne s'agit que d'acomptes ou d'arrhes, et même si les travaux n'ont pas encore été réalisés. Bien sûr, la société doit pouvoir justifier la réalité de ces dépenses. Si vous effectuez vous-même des travaux dans un bien loué, vous pouvez seulement déduire le prix d'achat des matériaux que vous avez achetés. Les travaux réalisés sur un immeuble vacant sont déductibles, mais uniquement lorsqu'ils sont engagés en vue de le relouer, c'est-à-dire si des travaux sont réalisés entre le départ d'un locataire et l'arrivée d'un nouvel occupant.

Les intérêts et les frais d'emprunt

Lorsque la société a contracté un emprunt pour acquérir, construire, conserver, réparer ou améliorer un immeuble loué, la quote-part des intérêts correspondant à vos droits dans la société est déductible (à l'exclusion du remboursement du capital). Certains frais d'emprunt peuvent aussi être déduits : frais de constitution de dossier ; commissions de la banque ou du courtier ; frais d'assurance emprunteur ; frais d'inscription hypothécaire...

Si vous avez personnellement emprunté pour acquérir vos parts, faire un apport à la société ou souscrire à une augmentation de capital, vous pouvez déduire en plus les intérêts que vous avez payés (voir p. 122). En cas de déficit foncier, la fraction du déficit résultant des intérêts d'emprunt ne peut pas être déduite de votre revenu global, mais uniquement de vos revenus fonciers des 10 années suivantes (voir p. 123).

Par ailleurs, sachez que le crédit d'impôt accordé au titre des intérêts d'emprunts destinés à l'acquisition ou la construction de l'habitation principale bénéficie aux associés de SCI, lorsque le logement est mis gratuitement à leur disposition par la société (voir p. 101).

Les impôts et taxes déductibles

Sont déductibles les taxes foncières sur les propriétés bâties et non bâties, ainsi que certaines taxes annexes à la taxe foncière (la taxe spéciale d'équipement de la Région Île-de-France, par exemple). En revanche, ne peuvent être déduits les impôts qui incombent au locataire : taxe d'habitation, taxe d'enlèvement des ordures ménagères, taxe de balayage… De même, ne sont pas déductibles la contribution économique territoriale (anciennement taxe professionnelle), les taxes d'urbanisme et assimilées (taxe locale d'équipement, par exemple), l'impôt sur le revenu, la TVA acquittée sur les loyers, ni les droits de mutation (à titre gratuit ou onéreux).

L'imposition des revenus fonciers des associés

Vous relevez du régime microfoncier p. 121
Vous relevez du régime réel p. 122

En tant qu'associé d'une SCI, vous devez déclarer dans la catégorie des revenus fonciers votre quote-part des recettes de la société procurée par la location d'immeubles nus. Ce montant figure sur l'attestation annuelle qui doit vous être remise chaque année par la société, au plus tard début mai (voir p. 112). C'est cette fraction du résultat social qui est imposable entre vos mains. Vous devez la reporter sur votre déclaration de revenus, diminuée éventuellement des charges que vous avez personnellement supportées dans l'année. Vos obligations déclaratives et les modalités de prise en compte de vos charges dépendent de votre régime d'imposition.

Vous relevez du régime microfoncier

Vous relevez de plein droit du régime microfoncier pour l'imposition des revenus fonciers attachés à vos parts sociales si vous réunissez ces 3 conditions : vous êtes directement propriétaire d'au moins un immeuble donné en location non meublé ; les immeubles de la SCI et

LA SCI A OPTÉ POUR UN DISPOSITIF D'INVESTISSEMENT LOCATIF

Les SCI non soumises à l'impôt sur les sociétés ayant opté pour un dispositif d'incitation fiscale (Scellier, Robien, Borloo, Besson...) peuvent, comme les bailleurs particuliers, bénéficier de la réduction d'impôt, de l'amortissement ou de la déduction spécifique auxquels ces dispositifs donnent droit (voir p. 106). C'est à la société d'opter pour l'application du dispositif et de respecter les engagements qui en découlent. En tant qu'associé, vous devez vous engager à conserver vos parts de la SCI pendant toute la durée couverte par l'engagement de location pris par elle. Attention, si la société loue à un associé ou à un membre de son foyer fiscal, cet associé ne peut pas bénéficier de l'avantage fiscal. Notez toutefois que les associés d'une SCI qui détiennent des biens en nue-propriété ne peuvent déduire de leur revenu global la part des dépenses de grosses réparations engagées par la société sur ces biens.

L'imposition des revenus fonciers des associés
Vous relevez du régime microfoncier
Vous relevez du régime réel

les vôtres ne bénéficient d'aucun régime locatif excluant l'application du microfoncier (Robien, Borloo, Besson...) ; vous n'avez pas perçu, au niveau de votre foyer fiscal, plus de 15 000 € de loyers. Pour apprécier cette limite, vous devez ajouter au montant des revenus annuels tirés de votre (vos) location(s) en direct la quote-part des revenus bruts attachée à vos parts sociales (et non le montant net que vous avez perçu). Vous ne devez donc pas déduire les charges supportées par la société, ni celles que vous avez supportées personnellement, le cas échéant.

Si vous relevez du microfoncier, vous déclarez vos recettes brutes directement sur votre déclaration de revenus n° 2042. Le fisc appliquera sur ce montant un abattement de 30% (vous ne serez donc imposé que sur 70% des recettes déclarées). Si les charges (sociales ou personnelles) déductibles de vos revenus de parts sont supérieures à l'abattement de 30%, vous avez peut-être intérêt à opter pour le régime réel.

Vous relevez du régime réel

Vous relevez automatiquement du régime réel si vous ne remplissez pas l'une des 3 conditions d'application du régime microfoncier, ou si, les remplissant toutes, vous optez pour son application. Vous devez alors calculer vous-même votre revenu foncier imposable. Toutefois, la société appliquant les mêmes règles d'imposition que les particuliers pour calculer son résultat net, elle a déjà déduit de ses revenus bruts l'ensemble des frais et des charges qu'elle a supportés dans l'année ainsi que, le cas échéant, les déductions spécifiques et les amortissements attachés aux dispositifs d'incitation à l'investissement locatif auxquels sont soumis certains de ses biens loués. Vous n'avez donc pas à déduire une seconde fois ces charges à votre niveau (voir p. 116).

La déduction de vos charges personnelles

En revanche, vous pouvez déduire les dépenses que vous avez acquittées personnellement, en plus des charges déclarées par la société, si vous êtes en mesure de les justifier. Il s'agit principalement des intérêts des emprunts que vous avez contractés pour acquérir vos parts sociales, faire un apport à la société ou souscrire à une augmentation de capital destinée à financer l'acquisition ou la construction d'un nouvel immeuble locatif. Vous pouvez aussi tenir compte des intérêts des dettes que vous avez contractées pour acquérir les parts d'un autre associé de la SCI, si cette acquisition vous permet d'accroître vos revenus fonciers. Le cas échéant, vous devez aussi tenir compte de la réduction d'impôt à laquelle vous avez droit si la société a opté pour l'application du dispositif Scellier (voir p. 106).

En pratique, vous devez faire apparaître sur votre déclaration de revenus, d'une part, la fraction qui vous revient dans les revenus bruts perçus par la société et, d'autre part, la fraction qui vous incombe dans les dépenses déductibles qu'elle a supportées sur la même période. Vous devez aussi indiquer, à part, les dépenses que vous avez supportées personnellement. Vous ne pouvez pas vous contenter d'indiquer le montant net que la société vous a reversé.

La déduction des déficits

Si les résultats de la société sont déficitaires (ses charges déductibles sont supérieures à ses recettes déclarées), vous pouvez imputer la quote-part de ce déficit vous revenant sur vos autres revenus fonciers. Le surplus éventuel est imputable sur votre revenu global dans la limite de 10 700 € (15 300 € si un logement relève du dispositif Périssol). L'excédent éventuel de déficit est reportable sur vos revenus fonciers des 10 années suivantes. Si votre revenu global est insuffisant pour absorber votre déficit foncier imputable, l'excédent constitue un déficit global imputable sur votre revenu global des 6 années suivantes. Attention, la partie du déficit générée par vos intérêts d'emprunt déductibles (voir p. 122) n'est pas imputable sur votre revenu global : elle ne peut être déduite que de vos revenus fonciers des 10 années suivantes.

L'imputation d'un déficit foncier sur le revenu global ne vous sera définitivement acquise que si la société continue de louer les biens déficitaires jusqu'à la fin de la 3e année suivant celle qui a généré le déficit et si vous conservez vos parts sociales pendant la même durée. Dans le cas contraire, elle sera remise en cause, sauf si le non-respect de ces conditions est lié à une invalidité, à un licenciement ou à un décès vous touchant ou touchant votre conjoint (ou partenaire de pacs). En cas de remise en cause, vos revenus des années en question seront recalculés par le fisc en faisant abstraction des déficits déduits à tort.

LES DÉCLARATIONS FISCALES DES ASSOCIÉS

En tant qu'associé, vous devez intégrer la part des bénéfices sociaux vous revenant dans votre déclaration de revenus fonciers n° 2044 (2042 C ou 2044 S pour les immeubles relevant d'un régime spécial d'imposition). Puis reportez votre revenu net sur la déclaration d'ensemble n° 2042. Si vous n'avez pas encaissé d'autres revenus fonciers que ceux issus de vos parts, vous êtes dispensé de remplir une déclaration n° 2044 et pouvez indiquer votre résultat foncier net imposable directement sur votre déclaration n° 2042. Dans ce cas, précisez en annexe les coordonnées de la société ainsi que, le cas échéant, les intérêts de l'emprunt contracté pour acquérir vos parts. Si vous relevez du régime microfoncier, déclarez la part de revenus bruts de la société vous revenant directement sur la déclaration n° 2042.

L'imposition de la SCI à l'IS

Les associés ont la possibilité d'opter pour une imposition de la SCI au titre de l'impôt sur les sociétés (IS). Dans ce cas, la société s'acquitte directement de l'impôt généré par ses bénéfices et la quote-part de bénéfices revenant aux associés est imposée entre leurs mains dans la catégorie des revenus de capitaux mobiliers. La SCI peut aussi être soumise obligatoirement à l'IS, lorsqu'elle se livre à des activités commerciales (voir encadré ci-dessous).

L'option de la société pour l'IS

Attention, l'option pour l'IS est irrévocable : elle s'appliquera pendant toute la durée de la société. Elle est faite dans les statuts ou avec l'accord unanime des associés. La décision est notifiée à l'administration fiscale dans les 3 mois qui suivent la fin de l'exercice au titre duquel l'option est exercée. Si ce choix doit être fait, il est préférable de l'effectuer au début de l'activité de la société, l'exercice de l'option ayant pour effet d'entraîner l'imposition des plus-values et des bénéfices non encore taxés.

Quel intérêt pour une SCI familiale d'opter pour l'IS ?

L'option pour l'IS permet aux associés de ne s'acquitter de leur propre impôt sur le revenu (IR) que sur les sommes qui leurs sont effectivement versées par la société. Les bénéfices mis en réserve par la SCI ne seront imposés qu'au moment de leur distribution. Alors que lorsque la société relève de l'IR, les sommes sont imposées entre les mains des associés, même si elles ne leurs sont pas distribuées.

LA LOCATION MEUBLÉE ENTRAÎNE L'ASSUJETTISSEMENT À L'IS

La SCI est obligatoirement soumise à l'IS lorsqu'elle se livre à l'activité de loueur en meublé (y compris pour les locaux commerciaux loués avec les équipements nécessaires à l'exercice de l'activité), cette activité étant considérée comme commerciale sur le plan fiscal. C'est alors l'ensemble des activités de la SCI qui sont considérées comme commerciales : si la société loue plusieurs logements, l'IS s'applique obligatoirement dès lors que l'un d'entre eux est loué meublé. Sachez cependant qu'il existe une tolérance administrative lorsque l'activité commerciale présente un caractère accessoire, c'est-à-dire lorsqu'elle n'excède pas 10% du total des recettes de la SCI. En outre, l'activité de loueur en meublé entraîne l'assujettissement à la contribution économique territoriale (CET).

Parmi les autres avantages de l'option pour l'IS, nous pouvons citer : l'amortissement du prix d'achat des immeubles et du coût des travaux d'agrandissement et de reconstruction ; le bénéfice, sans limitation de durée, d'un report des déficits sur les exercices bénéficiaires postérieurs ; pour les associés assujettis à l'ISF, la possibilité de bénéficier des règles de plafonnement et du bouclier fiscal...

En revanche, l'exercice de l'option alourdit considérablement les obligations comptables de la SCI. De plus, la société ne peut pas bénéficier des dispositifs spéciaux prévus en faveur de l'investissement locatif (voir encadré p. 121). Elle reste aussi redevable de la contribution sur les revenus locatifs (CRL), alors que celle-ci est supprimée pour les SCI soumises à l'IR. Enfin, en cas de mise à disposition gratuite d'un immeuble au profit d'un associé, la société est imposée sur un loyer « théorique » qu'elle pourrait percevoir si elle louait l'immeuble.

Les obligations déclaratives

Les SCI soumises à l'IS doivent faire connaître leur résultat imposable en remplissant la déclaration n° 2065 et ses annexes, à déposer dans les 3 mois de la clôture de l'exercice (ou, si aucun exercice n'est clôturé au cours de l'année, au plus tard le deuxième jour ouvré suivant le 1er mai de l'année suivante) au service des impôts du lieu de la SCI.

Les modalités d'imposition

Les bénéfices réalisés sont d'abord imposés au niveau de la SCI au titre de l'IS. Puis, les associés paient l'IR sur les sommes qui leurs sont effectivement distribuées par la société.

L'imposition au niveau de la société

Le taux normal de l'IS applicable sur le bénéfice (et les plus-values) imposable est fixé à 33,33%. Un taux réduit d'imposition fixé à 15% s'applique, dans la limite de 38 120 €, dès lors que le capital social a été entièrement libéré et que la SCI réalise un chiffre d'affaires annuel qui ne dépasse pas 7 630 000 €.

Par exemple, si le bénéfice imposable de la SCI est de 40 000 €, le montant de l'impôt dû par la société s'élève à 6 345 €, soit [(38 120 € x 15% = 5 718 €) + (1 880 € x 33,33% = 626,66 €)].

L'imposition entre les mains des associés

Les associés paient l'impôt sur le revenu, sur les sommes qui leurs sont distribuées (les dividendes) par la société, dans la catégorie des revenus de capitaux mobiliers.

Ces dividendes font l'objet d'un abattement de 40% (sans limitation de montant). Puis, un abattement fixe annuel de 1 525 € (personnes seules) ou de 3 050 € (couples soumis à une imposition commune) s'applique sur les 60% restants. Notez que cet abattement est commun à tous les revenus de capitaux mobiliers perçus par le foyer fiscal au cours de l'année.

Enfin, des prélèvements sociaux, au taux de 12,3%, s'appliquent sur la quote-part de dividendes bruts revenant à chaque associé.

CHAPITRE 11

Sortir de la SCI

Un associé cède ses parts

Pour récupérer les sommes investies dans la SCI, un associé peut céder tout ou partie de ses parts sociales. Or, une SCI familiale étant par définition une structure regroupant des personnes unies par des liens étroits, familiaux ou affectifs, l'entrée d'un nouvel associé dans le capital est soumise à l'autorisation préalable des autres associés. Cet agrément doit être obtenu, selon des modalités définies dans les statuts, quelle que soit la forme de la cession des parts (vente, donation ou succession), et quelle que soit la personne de l'acquéreur (même s'il s'agit d'un associé déjà en place). C'est pourquoi les associés devraient examiner soigneusement, lors de leur entrée dans la SCI, comment ils pourront en sortir. Toutefois, l'associé qui ne peut recueillir l'agrément de la société pour la cession de ses parts peut aussi choisir de se retirer (voir p. 133).

L'agrément des autres associés

La procédure d'agrément consiste, pour le vendeur, à recueillir l'accord des autres associés pour permettre l'entrée de l'acquéreur potentiel des parts dans le capital de la SCI. En principe, l'agrément suppose l'accord unanime de tous les associés, y compris l'associé vendeur. Mais les statuts peuvent prévoir des conditions de majorité plus souples ou déléguer au gérant de la SCI le pouvoir d'agréer les cessions (voir p. 60).

LA TRANSMISSION DES PARTS À TITRE GRATUIT

Une SCI constitue un excellent outil de transmission d'un patrimoine d'une génération à l'autre (voir p. 38). En effet, la liberté de donner ses parts sociales à ses enfants, associés ou non, est totale. Les statuts peuvent certes prévoir un agrément, mais c'est rarement le cas lorsque la société est constituée uniquement entre des parents et leurs enfants. À l'inverse, les statuts peuvent dispenser d'agrément les donations consenties aux associés ou aux conjoints de ceux-ci, alors qu'ils y sont normalement tenus. Par ailleurs, le décès d'un associé ne met pas fin à la société. Ses parts sont transmises à ses héritiers et non pas aux autres associés de la SCI. Les statuts peuvent alors aménager l'entrée des héritiers dans la société, en prévoyant un agrément. Mais, en pratique, les enfants ou le conjoint du défunt en sont généralement dispensés. Les statuts peuvent aussi prévoir que le décès d'un associé entraînera la dissolution de la société ou que celle-ci se poursuivra avec les seuls associés survivants.

L'associé vendeur adresse un projet de cession à la SCI

L'associé qui souhaite céder ses parts à l'acquéreur de son choix doit notifier son projet de cession avec demande d'agrément à la société et à chacun des associés. La notification s'effectue par lettre recommandée avec avis de réception ou par acte d'huissier (voir modèle p. 150). Si les statuts prévoient que l'agrément relève du seul pouvoir du gérant, le projet de cession avec demande d'agrément est notifié uniquement à la société.

Outre l'identité de l'acheteur, le projet de cession doit indiquer le nombre de parts vendues et le prix de vente.

La décision des associés

Saisis d'une demande d'agrément, les associés doivent prendre position selon les formes prévues par les statuts, en assemblée générale ou par une consultation écrite (voir encadré p. 95). Si les associés refusent à l'acquéreur potentiel l'entrée dans la SCI, le gérant doit adresser la réponse au vendeur par lettre recommandée avec avis de réception. Les associés peuvent décider d'acheter eux-mêmes les parts ou de proposer un acquéreur de leur choix, qui se substitue à celui pressenti par le vendeur. Si aucune offre d'achat n'est parvenue au vendeur dans les 6 mois qui suivent la notification du projet, la société est réputée agréer la cession. Dans ce même délai, les associés peuvent aussi décider de dissoudre la société (cas rare en pratique). Le délai de 6 mois peut être modifié dans les statuts, sans pouvoir être supérieur à un an, ni inférieur à un mois.

Le cédant peut renoncer à son projet si le prix de rachat des parts proposé par les associés (ou par l'acquéreur qu'ils ont choisi) est jugé insuffisant ou si la société doit être dissoute.

Lorsque plusieurs associés se portent acquéreurs, ils sont censés acheter en proportion du nombre de parts qu'ils détiennent déjà (sauf si les statuts prévoient un autre mode de répartition). Si aucun associé ne souhaite acheter les parts, la société peut les faire acquérir par un tiers, désigné à l'unanimité des autres associés (à l'exclusion du cédant) ou selon des modalités prévues dans les statuts. Enfin, la société peut racheter elle-même les parts, qu'elle annulera en réduisant le capital social : c'est la procédure de retrait (voir p. 133).

La détermination du prix de vente

Les associés doivent s'entendre sur le prix de cession des parts. À défaut d'accord entre eux, le prix est déterminé par un expert désigné d'un commun accord ou, à défaut, par ordonnance du président du tribunal, statuant en référé.

Un associé cède ses parts

- L'agrément des autres associés
- **La détermination du prix de vente**
- **La réalisation de la vente**
- **Les droits d'enregistrement**

Fixer la valeur des parts n'est pas chose aisée

Les associés sont libres de choisir la méthode d'évaluation du prix des parts. Ce prix doit être déterminé dans l'acte ou pouvoir être déterminé à partir de critères objectifs. En principe, les associés utilisent la valeur comptable des parts, calculée en fonction de l'actif net de la société (montant de l'actif brut diminué des dettes de la société à l'égard des tiers), divisé par le nombre total de parts.

La valeur des parts est généralement corrigée selon le nombre de parts cédées. Ainsi, la vente d'une participation minoritaire n'offrant que peu d'intérêt, la valeur des parts peut être minorée de 5 à 20%. Au contraire, si la participation cédée est importante et confère ainsi un réel pouvoir décisionnaire dans les assemblées, la valeur retenue peut être supérieure à la valeur mathématique.

Exemple de détermination de la valeur des parts

Une SCI dont le capital social est divisé en 1 000 parts d'égale valeur est propriétaire d'un seul immeuble, dont la valeur est estimée à 300 000 € au jour de la cession des parts. La société a emprunté 150 000 € pour financer l'acquisition du bien et il reste encore 100 000 € de crédit à rembourser. La valeur de chaque part est égale à 200 € [(300 000 € - 100 000 €) / 1 000]. Si un associé est porteur de 250 parts et qu'il en cède l'intégralité, il peut fixer le prix de vente de ses parts à 50 000 € (250 x 200 €).

Attention aux donations déguisées

S'il n'est pas interdit de consentir un prix de faveur à ses proches, ses enfants, par exemple, l'évaluation des parts ne doit cependant pas être trop éloignée de leur valeur réelle. Si le rabais est trop important, l'enfant acquéreur des parts pourrait se voir réclamer, au décès du vendeur, la réintégration dans la succession de l'avantage ainsi consenti, réévalué au moment du partage de la succession. En outre, une cession à un prix dérisoire pourrait être requalifiée en donation par le fisc, avec application des droits de donation et d'un intérêt de retard de 4,80% par an.

La réalisation de la vente

La cession des parts sociales doit être constatée par écrit, soit dans un acte sous seing privé, soit par acte notarié. Il faut établir au moins 5 exemplaires originaux : un pour le vendeur, un pour l'acquéreur, un pour l'enregistrement et deux pour le Tribunal de commerce.

Il faut informer la société et les tiers

L'acte de cession doit être signifié à la société par huissier ou être accepté par le gérant dans un acte notarié. Les statuts peuvent prévoir de remplacer ces formalités par une mention portée sur le registre de la société.

Ce document recense tous les renseignements relatifs aux associés (un feuillet par associé).

Pour que la cession soit opposable aux tiers, notamment aux créanciers du vendeur, deux copies notariées de l'acte de cession passé devant notaire (ou deux originaux si l'acte est sous seing privé) doivent être déposées en annexe du Registre du commerce et des sociétés.

Les effets de la cession

L'acquéreur des parts sociales devient associé de la SCI dès que la cession a été agréée par la société et peut exercer toutes les prérogatives attachées à cette qualité.

Il est cependant souhaitable que l'acte de cession règle les conséquences de la vente vis-à-vis de la société. Ainsi, lorsque le vendeur a une dette envers la société (il n'a pas entièrement libéré son apport, par exemple), il reste redevable personnellement de cette somme. L'acte de cession peut prévoir que cette dette est reprise par l'acquéreur. La société doit alors accepter cette substitution de débiteur.

Concernant la répartition des bénéfices réalisés par la SCI l'année de la cession, l'acquéreur a droit aux dividendes distribués après la vente, même s'ils se rapportent à des exercices clos avant cette date. Pour que le vendeur puisse exiger sa quote-part des bénéfices distribués après son départ, il faut qu'une telle répartition soit prévue dans les statuts ou par une décision prise en assemblée générale. L'acte de cession peut aussi prévoir une clause de répartition différente (en fonction de la durée de détention respective des parts pendant l'exercice, par exemple). Ces règles de répartition ne sont opposables au fisc que si elles sont prévues dans les statuts.

Le vendeur reste tenu de payer les dettes de la SCI devenues exigibles avant la publication de la vente, en proportion de la participation qu'il a cédée. L'acquéreur n'est, quant à lui, responsable que des dettes sociales échues après la cession. Les parties peuvent cependant convenir dans l'acte d'un autre mode de répartition des dettes sociales, mais cet accord n'aura d'effet qu'entre les parties et ne pourra être opposé aux tiers.

Enfin, le vendeur peut demander le remboursement de son compte courant. Mais l'acte de cession peut aussi prévoir que le solde du compte sera transféré à l'acquéreur.

Les droits d'enregistrement

L'acte de cession doit être enregistré dans le délai d'un mois à compter de sa signature. La déclaration s'effectue auprès de la recette des impôts du domicile du vendeur ou de l'acquéreur ou, lorsque l'acte est notarié, dont relève le notaire.

L'enregistrement donne lieu au paiement d'un droit de 5%, à la charge de l'acquéreur. Il est calculé sur le prix des parts indiqué dans l'acte, majoré des charges qui pèsent normalement sur le vendeur et qui ont été mises par convention à la charge de l'acquéreur (la libération des apports, par exemple, voir p. 71). Si le prix indiqué dans l'acte est inférieur à la valeur réelle des parts, le fisc peut recalculer le droit de 5% sur cette valeur réelle.

Attention, si l'associé cède ses parts sociales dans les 3 ans qui suivent l'apport d'un bien en nature à une SCI relevant de l'impôt sur le revenu, la cession est considérée comme ayant pour objet le bien lui-même. Concrètement, si l'apport avait pour objet un immeuble, la cession est soumise au régime fiscal de la vente d'immeuble, soit une taxation à 5,09%.

L'imposition de la plus-value

La vente de parts sociales de SCI entraîne l'imposition de la plus-value éventuellement réalisée par le vendeur. Lorsque la société relève de l'impôt sur le revenu, la vente relève du régime des plus-values immobilières des particuliers, dès lors que l'actif de la SCI est composé pour plus de la moitié d'immeubles, ce qui est généralement le cas. Les règles de taxation suivent sensiblement le même régime d'imposition. Pour une étude détaillée du régime de taxation des plus-values immobilières, reportez vous à notre Guide de la déclaration de revenus, réédité chaque année en janvier.

Les cas d'exonération

La plus-value réalisée à l'occasion de la vente de parts sociales est exonérée lorsque le vendeur se trouve dans l'un des deux cas suivants :

- ✔ il détient ses parts dans la SCI depuis plus de 15 ans ;
- ✔ il occupe l'immeuble social à titre de résidence principale.

En revanche, les autres cas d'exonération ne s'appliquent pas en cas de vente de parts sociales (cessions de biens dont la valeur ne dépasse pas 15 000 € ; exonération des personnes titulaires d'une pension de retraite ou d'une carte d'invalidité).

Si vous occupez, à titre de résidence principale, un immeuble mis gratuitement à votre disposition par la société, la plus-value est totalement exonérée si le bien est le seul actif de la société. Si la société possède plusieurs biens, en revanche, l'exonération s'applique à la fraction de la plus-value correspondant à la valeur du logement par rapport à la valeur globale de l'actif.

Le calcul de la plus-value

La plus-value est égale à la différence entre la valeur des titres au jour de la vente et la valeur de l'apport consenti pour les acquérir.

Le prix de vente correspond à celui indiqué dans l'acte de cession des parts de la SCI. Le prix d'acquisition correspond à la contrepartie versée pour obtenir les parts (la valeur de l'immeuble apporté, par exemple), ou, lorsque les parts ont été reçues par donation ou succession, à la valeur retenue pour la détermination des droits d'enregistrement. Le prix d'acquisition peut être majoré des frais d'acquisition des parts pour leur montant réel.

Le montant de la plus-value imposable est soumis à une imposition forfaitaire de 31,3% (dont 12,3% de prélèvements sociaux).

Le retrait d'un associé de la SCI

La loi reconnaît aux associés le droit de se retirer totalement ou partiellement de la société contre remboursement de leurs parts sociales (*article 1869 du Code civil*).

Les conditions du retrait

La faculté de retrait permet à un associé de ne pas rester prisonnier de la SCI lorsque, ayant notifié son projet de vendre ses parts à la société, il n'a pu recueillir l'agrément des autres associés. La SCI peut alors racheter elle-même les parts et réduire son capital social afin d'annuler ces parts.

Les statuts organisent les conditions du retrait

Les conditions du retrait d'un associé sont organisées dans les statuts. À défaut de mention particulière, le retrait est subordonné à l'accord unanime des autres associés (souvent difficile à obtenir). Il est donc préférable que les statuts assouplissent la condition de majorité en prévoyant, par exemple, que l'accord pourra être donné à la majorité des autres associés, voire que le retrait n'est soumis à aucune autorisation de la société.

Les statuts peuvent aussi subordonner le droit de retrait à une certaine ancienneté de l'associé dans la SCI ou au remboursement complet par la société des emprunts qu'elle aurait souscrits. Toutefois, de telles clauses ne doivent pas avoir pour effet de priver, de fait, l'associé de son droit de retrait (en imposant une condition d'ancienneté trop longue, par exemple). Enfin, un délai de préavis peut être prévu dans les statuts, pour permettre aux autres associés de réunir les fonds nécessaires au remboursement de la participation de celui qui se retire.

L'autorisation de retrait peut être donnée par le juge

Un associé se retire de la SCI

- Les conditions du retrait
- Les modalités du retrait
- La fiscalité du retrait

Si l'associé qui souhaite se retirer de la société se heurte à un refus des autres associés, il peut demander une autorisation de retrait au Tribunal de grande instance. L'associé sortant doit pour cela faire état de « justes motifs », en invoquant, notamment, des motifs d'ordre personnel. Ceux-ci sont appréciés au cas par cas par le juge. Ainsi, le retrait d'un associé majoritaire en raison des faibles bénéfices distribués, ne lui permettant pas d'assurer sa subsistance, a été jugé légitime (*CA Paris 15e ch., du 9.2.83*). Une mésentente grave entre associés peut aussi constituer un motif juste de retrait (voir p. 137).

Les modalités du retrait

L'associé qui se retire de la SCI doit se faire rembourser la valeur de ses parts sociales. Il peut aussi demander la restitution des biens en nature (les immeubles) qu'il a initialement apportés, si ceux-ci sont toujours dans le patrimoine de la société, à charge pour lui de verser une soulte si la valeur des biens repris excède celle de ses droits sociaux annulés (*Cass. civ. 3e du 12.5.10, n° 09-14747*).

En principe, l'évaluation des parts se fait d'un commun accord entre la société et l'associé sortant. En cas de désaccord, elle peut être fixée par un expert désigné par les associés (expert judiciaire, expert comptable ou commissaire aux comptes). S'ils n'arrivent pas à se mettre d'accord sur le choix de l'expert, celui-ci est désigné par le Tribunal de grande instance, statuant en référé. Notez que la valeur des parts s'apprécie à la date la plus proche possible du remboursement (*Cass. civ. 1re du 11.2.03, n° 01-13418*).

UN ASSOCIÉ PEUT ÊTRE CONTRAINT DE QUITTER LA SCI

La loi n'autorise le retrait forcé d'un associé que dans deux cas : une clause d'exclusion figure dans les statuts ; l'associé est en faillite personnelle, en redressement ou en liquidation judiciaire *(article 1860 du Code civil)*. Dans ce dernier cas, l'exclusion de l'associé est automatiquement prononcée. Il perd la qualité d'associé au moment du remboursement de ses droits sociaux. L'efficacité d'une clause d'exclusion dépend du soin apporté à sa rédaction dans les statuts. Il est notamment conseillé de préciser :

- les motifs d'exclusion : un associé ne répond pas aux appels de fonds, par exemple ;
- la procédure à suivre : organe habilité à prononcer l'exclusion, modalités d'information de l'associé, possibilités pour lui de se défendre... ;
- les conditions de remboursement des parts de l'associé exclu : mode d'évaluation des parts, rachat des parts par la société, par les associés eux-mêmes ou par un tiers.

Le remboursement des parts sociales s'effectue en principe en argent, mais il est possible de prévoir la restitution à l'associé sortant du bien qu'il a apporté à la société, ou d'un autre bien figurant à l'actif social. L'associé a aussi droit au remboursement de ses avances en compte courant (voir p. 84).

Pour la société, le retrait d'un associé entraîne une réduction de son capital social. En conséquence, les parts sociales qu'il détenait sont annulées. En cas de retrait forcé d'un associé, les statuts peuvent prévoir le rachat des parts sociales par les autres associés ou par un tiers (voir encadré p. 134).

Comme lors d'une vente de parts, le retrait d'un associé fait l'objet d'une mesure de publicité pour les tiers (voir p. 130).

La fiscalité du retrait

Selon le fisc, le retrait d'un associé reprenant un bien en nature entraîne les conséquences d'une dissolution partielle de la société et d'un partage. Le retrait rend donc exigible le paiement des plus-values, si elles existent, et d'un droit de partage.

Le retrait oblige généralement à régler un droit de partage

En principe, le retrait se traduit par une réduction du capital de la société. L'associé qui se retire obtient le remboursement de ses parts sociales (en numéraire ou en nature). Fiscalement, l'opération est assimilée à un partage partiel, ce qui donne lieu à l'ouverture d'un droit de partage au taux de 1,10%. Les tribunaux semblent cependant avoir une analyse différente, considérant que le retrait d'un associé ne peut être assimilé à une opération de partage (*Cass. civ. 3e du 15.1.97, n° 94-22154 ; CAA Lyon du 23.6.05, n° 99-01098*), et ne peut donc donner lieu à l'application du droit de 1,10%.

Lorsque la société rachète les parts de l'associé sortant, trois situations sont à envisager :

- ✔ si l'associé reprend son apport, aucun droit de partage n'est dû, l'associé sortant étant considéré comme ayant toujours été propriétaire du bien ;
- ✔ si l'associé reçoit un bien acquis par la société ou une somme en numéraire (un « acquêt social »), l'opération donne lieu au droit de partage de 1,10% ;
- ✔ si l'associé reçoit un bien apporté par un autre associé, il est soumis au droit de vente (au taux de 5,09% pour un immeuble).

Un associé se retire de la SCI
Les conditions du retrait
Les modalités du retrait
La fiscalité du retrait

Le retrait n'entraîne pas toujours de plus-value imposable

Pour une société soumise à l'impôt sur le revenu, le retrait d'un associé qui se voit attribuer un immeuble entraîne l'imposition de la plus-value. Elle relève du régime des plus-values immobilières, comme si la société avait elle-même cédé l'immeuble. L'imposition est en principe supportée par l'ensemble des associés.

Lorsque l'associé reçoit une compensation financière, le retrait n'entraîne pas de plus-value imposable. Toutefois, si le retrait contraint les autres associés à vendre l'immeuble afin de lui rembourser ses parts, cette vente génère une plus-value taxable, dont la charge est supportée par tous les associés. Les statuts peuvent cependant prévoir que seul l'associé qui se retire devra acquitter l'impôt sur la plus-value.

La dissolution de la société

La dissolution met fin à la société et entraîne sa liquidation. Les dettes doivent être remboursées et les associés se partagent les biens qui appartenaient à la SCI. Ce sont généralement les associés qui prennent cette décision, mais certains événements entraînent une dissolution automatique. Un liquidateur doit être désigné pour accomplir les formalités de liquidation (vente des biens, paiement des créanciers, partage de l'actif entre les associés...).

Les motifs de dissolution

L'article 1844-7 du Code civil énumère les différentes causes de dissolution d'une SCI. Mais d'autres motifs peuvent être prévus dans les statuts.

Les cas de dissolution automatique

La société prend fin au terme de la durée fixée par les statuts. Les associés peuvent cependant décider de sa prorogation, soit par une décision unanime, soit, si les statuts le prévoient, à la majorité qualifiée prévue pour toute modification statutaire. Le gérant doit consulter les associés au moins un an avant la date d'expiration, pour leur demander s'ils souhaitent proroger ou non la société.

La réalisation ou l'extinction de l'objet social est une autre cause classique de dissolution. Par exemple, une SCI dont le but est de gérer un immeuble n'aura plus d'objet si le bien est vendu. Les associés peuvent alors modifier les statuts et déterminer un nouvel objet social ou procéder à la liquidation de la société.

Les statuts peuvent aussi prévoir d'autres causes de dissolution automatique : en cas de révocation du gérant, ou au décès du survivant des parents, dans une SCI constituée entre parents et enfants, par exemple.

La dissolution volontaire

Les associés peuvent mettre fin à tout moment au contrat de société. Ils doivent pour cela simplement respecter les règles de forme prévues par la loi et les statuts de la SCI. La décision de dissoudre la société de manière anticipée est prise à l'unanimité des associés ou aux conditions de majorités prévues par les statuts. Dans la même décision, la société doit aussi nommer un liquidateur, qui peut être le gérant de la SCI ou un associé.

La décision de dissoudre la société est souvent la solution la plus sage en cas de mésentente entre les associés. Mais si les désaccords entre eux sont tels qu'aucune décision, même celle de se séparer, ne peut être prise, tout associé peut saisir le tribunal et demander la dissolution judiciaire de la société.

La dissolution est prononcée par le tribunal

À la demande d'un associé, le tribunal peut prononcer la dissolution de la société pour « justes motifs ». Ce sera le cas, notamment, si l'un des associés ne respecte pas ses obligations ou si la mésentente entre les associés est telle qu'elle paralyse le fonctionnement de la société. Ainsi, la dissolution a été prononcée pour une SCI dont l'un des deux associés, largement majoritaire, administrait la société comme une entreprise strictement personnelle, sans respecter les règles relatives aux assemblées et à l'information des associés (*CA Versailles du 18.5.95*).

La dissolution peut aussi résulter d'un jugement ordonnant la liquidation judiciaire de la société. La faillite de la SCI peut résulter, par exemple, de la difficulté à trouver un locataire, alors que les charges à payer et les échéances de prêt à rembourser s'accumulent.

LA RÉUNION DE TOUTES LES PARTS ENTRE LES MAINS D'UN SEUL ASSOCIÉ

Il peut arriver, à la suite de rachats de parts ou du retrait d'associés, qu'un seul associé détienne l'intégralité des parts de la SCI. Dans ce cas, la dissolution de la société n'est pas automatique. L'associé, devenu associé unique, doit régulariser cette situation dans le délai d'un an en trouvant un autre associé. Il peut aussi décider, à tout moment, de dissoudre la société par déclaration au greffe du Tribunal de commerce. Le tribunal est également habilité à prononcer la dissolution anticipée de la SCI à la demande d'un tiers ayant un intérêt à agir, lorsque l'associé n'a pas régularisé la situation dans le délai d'un an. Toutefois, le tribunal accorde parfois un délai supplémentaire de 6 mois au maximum à l'associé unique pour qu'il régularise la situation.

Enfin, l'annulation du contrat de société prononcée par un juge entraîne la disparition de la société elle-même. Cette sanction s'applique aux fautes les plus graves, par exemple lorsque le consentement d'un associé a été obtenu par fraude ou violence ou lorsque l'objet de la société est illicite.

La réalisation des opérations de liquidation

Un liquidateur (ou plusieurs) doit être désigné dans l'acte constatant ou décidant la dissolution de la SCI. Il se chargera des opérations de liquidation.

La nomination du liquidateur

Il peut être choisi, ou non, parmi les associés. Sa désignation résulte d'une décision unanime des associés, sauf disposition contraire des statuts. À défaut d'accord entre les associés, le liquidateur sera désigné en justice par le président du Tribunal de grande instance. Les statuts peuvent aussi prévoir, dès l'origine, qui sera chargé des opérations de liquidation (souvent le gérant en exercice au moment de la dissolution).

L'enregistrement de l'acte de dissolution

Le liquidateur doit faire enregistrer l'acte constatant la dissolution dans le délai d'un mois. L'enregistrement est effectué à la recette des impôts du domicile de l'un des associés, ou du lieu de résidence du notaire lorsque l'acte est notarié.

Si la dissolution n'entraîne aucune transmission de biens meubles ou immeubles entre les associés ou d'autres personnes, l'acte est soumis uniquement au droit fixe de 375 € (500 € si le capital est d'au moins 225 000 €). Dans le cas contraire, voir p. 140.

Les formalités de publicité

Pour que les tiers soient informés de la dissolution de la SCI, un avis de dissolution doit être publié dans un journal d'annonces légales. L'avis indique notamment les coordonnées du liquidateur nommé par les associés, ce qui permet aux créanciers éventuels de faire valoir leurs droits. Mais ces derniers ne peuvent pas exiger des associés qu'ils payent directement les sommes.

Le liquidateur doit aussi déposer au Tribunal de commerce une demande d'inscription modificative pour que la dissolution soit publiée au Registre du commerce et des sociétés. Le greffier publie ensuite la dissolution de la SCI au Bulletin officiel des annonces civiles et commerciales (Bodacc).

La clôture de la liquidation

Le liquidateur est chargé de recenser les biens de la société. À cet effet, il dresse un inventaire des éléments d'actif et du passif de la SCI. Sauf précision dans les statuts ou dans l'acte le désignant, le liquidateur a tout pouvoir pour régler les créanciers et mettre fin aux contrats en cours. Il peut donc être amené à vendre les immeubles de la société.

Une fois que le liquidateur a réglé toutes les dettes, il présente les comptes de liquidation aux associés pour obtenir leur approbation. Les associés prononcent ensuite la clôture de la liquidation.

Le liquidateur doit faire publier un avis de clôture de la liquidation dans un journal d'annonces légales et faire procéder à la radiation de la SCI du Registre du commerce et des sociétés. La société perd alors la personnalité morale. Les associés deviennent propriétaires indivis des biens restant à l'actif et il ne leur reste plus qu'à se les partager.

Le partage des biens

Le partage des biens de la SCI s'opère entre les associés dans les mêmes proportions que leur participation aux bénéfices, sauf clause des statuts ou convention contraire (*article 1844-9 du Code civil*).

Un associé peut reprendre le bien qu'il a apporté

Les associés se répartissent comme ils l'entendent les biens de la société. Ils peuvent ainsi décider d'attribuer, à l'unanimité, un immeuble à un ou plusieurs des associés.

Si les associés ne décident pas d'une telle attribution, l'associé qui a apporté un immeuble à la société a le droit de reprendre son apport. Il doit verser une soulte aux autres associés si la valeur du bien a augmenté entre-temps.

Les règles de l'attribution préférentielle, applicables aux partages de successions, concernent aussi les partages entre associés. Par exemple, l'associé qui habite un immeuble figurant dans les biens à partager peut

LES DERNIÈRES OBLIGATIONS FISCALES DE LA SCI

Lorsque la SCI relève de l'impôt sur le revenu, les bénéfices réalisés l'année de la dissolution (et non encore imposés) seront soumis à l'impôt sur le revenu, entre les mains des associés, dans la catégorie des revenus fonciers (voir p. 121). La plus-value dégagée lors de la dissolution est assimilée fiscalement à une vente. Elle est imposée entre les mains des associés, au prorata de leurs droits sociaux, comme une plus-value immobilière réalisée par des particuliers. Lorsque la société relève de l'impôt sur les sociétés, le liquidateur doit souscrire une déclaration de résultat dans les deux mois de la clôture des opérations de liquidation. La plus-value réalisée et le bénéfice imposable seront soumis à l'impôt sur les sociétés (voir p. 124).

demander à ce que cet immeuble lui soit attribué par préférence (sauf s'il s'agit d'un apport effectué par un autre associé qui demande à le reprendre). Si les associés ne parviennent pas à s'entendre, le partage sera décidé en justice, à la demande de l'un d'entre eux.

Le retour des biens dans le patrimoine des associés

Par principe, les biens composant l'actif d'une SCI familiale ont vocation à revenir dans le patrimoine personnel des associés. Les statuts peuvent aménager ce retour, en organisant la répartition des biens composant l'actif de la société entre les associés lors de sa liquidation.

Le coût fiscal du partage

L'acte de partage doit être enregistré dans un délai de deux mois à la conservation des hypothèques lorsqu'il porte sur des immeubles. Dans le cas contraire, l'enregistrement s'effectue à la recette des impôts dans le délai d'un mois. Le régime fiscal varie selon que le bien a été acquis par la société au cours de la vie sociale ou qu'il a été apporté par un associé.

Pour les biens acquis par la société, et partagés entre les associés, un droit de 1,10% est exigible sur la valeur des biens partagés après déduction du passif (comprenant les comptes courants d'associés, les frais de liquidation et les impôts de la liquidation) et du montant des soultes.

Si un associé est tenu de verser une soulte (la valeur du bien reçu étant supérieure à sa part), cette soulte est taxée comme une vente, selon la nature du bien attribué (5,09% pour les immeubles). Le droit de partage de 1,10% s'applique aussi au numéraire réparti entre les associés.

Si le bien avait fait l'objet d'un apport à la SCI, aucun droit n'est dû lorsque l'associé reprend le bien qu'il avait personnellement apporté. S'il s'agit d'un immeuble, la taxe de publicité foncière de 0,70% est due lors de la publication de l'acte de partage. Si les biens apportés à la SCI sont attribués à un autre associé que l'apporteur, cet associé doit payer les droits de vente applicables selon la nature des biens (5,09% pour les immeubles).

Lorsque la SCI relève de l'impôt sur les sociétés, cas rare en pratique (voir p. 124), le droit de partage de 1,10% s'applique sur les biens partagés lorsque ceux-ci ont été acquis par la société. Lorsqu'un bien est repris par l'associé apporteur, aucun droit n'est dû si l'apport était exonéré de droits d'enregistrement. Si le bien est attribué à un autre associé que l'apporteur, les droits de vente sont dus selon la nature du bien.

Modèles

MODÈLE Statuts types de SCI

Entre les soussignés :
Nom, prénoms, domicile, profession, date et lieu de naissance, situation matrimoniale, date et lieu du mariage ou du pacs, identité et état civil de l'époux, de l'épouse ou du partenaire de pacs.
Si personne morale : *forme, dénomination, capital social, siège, numéro d'immatriculation, identification du ou des dirigeants sociaux.*
Ont établi, ainsi qu'il suit, les statuts de la société civile immobilière devant exister entre eux :

Article 1 – Forme
Il est formé entre les propriétaires des parts sociales ci-après créées et de celles qui pourraient l'être ultérieurement, une société civile régie par les articles 1832 et suivants du Code civil, par tous textes qui viendraient à les modifier ou les compléter et par les présents statuts.

Article 2 – Dénomination sociale
La société prend la dénomination de : .... *(nom de la société)*

Article 3 – Objet
La société a pour objet l'acquisition, la gestion et plus généralement l'exploitation par bail, location ou autre des immeubles de la société.
Entre dans l'objet social la vente d'un des immeubles sociaux, à condition que l'opération revête un caractère exceptionnel, n'ait pas pour effet de vider la société de sa substance, et reste dans le cadre d'une gestion patrimoniale et civile.
Et plus généralement toutes opérations de caractère purement civil se rattachant à l'objet social.

Article 4 – Siège social
Le siège de la société est fixé à .... *(adresse)*. Il pourra être transféré dans la même ville ou le même département par décision simple de la gérance et en tout autre endroit par décision extraordinaire des associés.

Article 5 – Durée
La société est constituée pour une durée de .... ans à compter de son immatriculation au Registre du commerce et des sociétés, sauf cas de prorogation ou de dissolution anticipée.

Article 6 – Apports
Les apports faits par les associés sont les suivants :
Apports en numéraire : M.......... *(nom de l'associé)* apporte à la société la somme de...... € *(somme en toutes lettres et en chiffres).*
Cette somme a été immédiatement versée dans la caisse sociale, ainsi que le reconnaît le gérant **OU** Cette somme a été versée sur le compte ouvert au nom de la société en formation auprès de.......... *(organisme bancaire)*, ainsi que les associés le reconnaissent.
Apports en nature : M.......... apporte à la société un immeuble.......... *(description du bien)*, situé à....... (adresse), évalué à la somme de.......... €. Cet apport est consenti net de tout passif.
Droits du conjoint *(époux mariés sous le régime de la communauté légale)* : M.......... étant marié sous le régime de la communauté, son épouse, Mme.........., est intervenue aux présentes. Elle déclare avoir été informée de l'apport effectué par son conjoint au moyen de biens provenant de la communauté. Elle a répondu à la société et notifié expressément *son consentement à la réalisation de l'apport sans être associée* **OU** *son intention d'être associée pour la moitié des parts souscrites par son conjoint.*

Article 7 – Libération des apports
Les apports en numéraire seront libérés à hauteur de.....%. Le solde des apports sera versé à la société sur simple demande de la gérance faite par lettre recommandée avec AR. À défaut de règlement à la date indiquée, l'associé sera de plein droit redevable d'intérêts au taux légal sur les sommes non libérées.

Article 8 – Capital social

Le capital social est fixé à la somme totale de.......... € *(somme en toutes lettres et en chiffres)*. Il est divisé en.......... parts sociales numérotées de.......... € chacune, attribuées aux associés en contrepartie de leurs apports respectifs de la manière suivante :
M.......... détient.......... parts en rémunération de son apport en numéraire
M.......... détient.......... parts en rémunération de son apport en nature
Il ne sera créé aucun titre de parts sociales. Le droit de chaque associé résultera seulement des présentes, des actes qui pourraient modifier le capital social et des cessions qui seraient ultérieurement consenties. Une copie ou un extrait de ces actes, certifié par un gérant, sera délivré à chacun des associés sur sa demande et à ses frais.

Article 9 – Modification du capital

Le capital pourra être augmenté en une ou plusieurs fois sur décision extraordinaire des associés, notamment par création de parts nouvelles attribuées en représentation d'apports en nature ou d'apports en numéraire, ces derniers pouvant être libérés par compensation avec des créances liquides et exigibles sur la société.
Le capital pourra aussi être réduit sur décision extraordinaire des associés, soit par retrait d'apports, soit par des remboursements égaux sur toutes les parts, ou par achat et annulation de parts.

Article 10 – Droits attachés aux parts

Chaque part donne droit dans la propriété de l'actif social, dans la répartition des bénéfices et dans le boni de liquidation, à une fraction proportionnelle au nombre de parts existantes. Les pertes ou le mali de liquidation, s'il en existe, sont supportés dans les mêmes conditions.
Elle donne également droit de participer aux décisions collectives des associés et d'y voter. Les droits et obligations attachés à chaque part la suivent en quelques mains qu'elle passe.
La propriété d'une part emporte de plein droit adhésion aux présents statuts et aux décisions collectives des associés ou de la gérance régulièrement prises.
Chaque part est indivisible à l'égard de la société. Les propriétaires indivis sont tenus de se faire représenter auprès de la société par un seul d'entre eux ou par un mandataire commun pris parmi les associés. En cas de désaccord, le mandataire sera désigné en justice à la demande du plus diligent.
Lorsque les parts sociales font l'objet d'un usufruit, le droit de vote appartient au nu-propriétaire sauf pour les décisions concernant l'affectation des bénéfices où il est réservé à l'usufruitier.

Article 11 – Responsabilité des associés

Les associés répondent indéfiniment des dettes sociales à proportion de leur part dans le capital social à la date d'exigibilité ou au jour de la cessation des paiements. Les créanciers ne peuvent poursuivre le paiement des dettes sociales contre un associé qu'après avoir préalablement et vainement poursuivi la personne morale.

Article 12 – Cession et transmission des parts

Toute cession de parts doit être constatée par écrit. La cession ne sera opposable à la société qu'après lui avoir été notifiée par lettre recommandée avec AR ou signifiée par acte d'huissier ou qu'elle aura été acceptée par elle dans un acte authentique. Elle devra en outre être déposée en annexe au greffe du Tribunal de commerce pour être opposable aux tiers. Les cessions de parts sociales sont libres entre associés et au profit du conjoint, des ascendants ou descendants de l'associé cédant.
Agrément préalable : les cessions de parts au profit d'autres personnes, à titre onéreux ou gratuit, même celles portant simplement sur l'usufruit ou sur la nue-propriété des parts, doivent recueillir l'autorisation préalable de tous les associés. En cas de décès d'un associé, ses héritiers, ses légataires ou son conjoint survivant deviennent de plein droit associés sans qu'il soit besoin d'agrément.

Procédure d'agrément : l'associé qui veut céder tout ou partie de ses parts notifie son projet de cession à la société et à chacun des associés, par lettre recommandée avec AR, en indiquant le nombre de parts à céder, les nom, prénoms, nationalité, profession et domicile du cessionnaire proposé et en demandant l'agrément dudit cessionnaire.
Les associés seront convoqués en assemblée générale ou consultés par écrit dans le mois suivant la réception de la lettre par la société, pour se prononcer sur l'agrément sollicité.
Lorsque l'agrément est donné ou réputé acquis (au sens de l'article 1863 du Code civil), la cession projetée doit être régularisée dans le délai de deux mois. Passé ce délai, le cédant est réputé avoir renoncé à la cession.
Refus d'agrément : en cas de refus du cessionnaire proposé, les associés se portent acquéreurs des parts. Si plusieurs d'entre eux décident de les acquérir, ils sont réputés acquéreurs à proportion des parts qu'ils détenaient antérieurement ; si aucun associé ne se porte acquéreur ou si les offres des associés portent sur un nombre de parts inférieur à celui que le cédant entend céder, la société peut faire acquérir tout ou partie des parts par un tiers ou les acquérir elle-même en vue de leur annulation.

Article 13 – Retrait d'un associé

Tout associé peut se retirer totalement ou partiellement de la société avec l'accord des autres associés prononcé à la majorité des ¾ au moins du capital social *(ou avec l'accord de tous les associés)*, ou par décision du président du Tribunal de grande instance statuant en référé autorisant le retrait pour justes motifs. L'associé qui se retire a droit au remboursement de la valeur de ses parts au jour du retrait. Celle-ci est déterminée par accord entre les associés ou, à défaut, à dire d'expert (*article 1843-4 du Code civil*).

Article 14 – Gérance

La société est administrée par un gérant unique **OU** La société est gérée par une ou plusieurs personnes (*pour une gérance collégiale*), choisi parmi les associés personnes physiques, et nommé par une décision ordinaire prise en assemblée générale.
Les associés nomment en qualité de premier gérant M………. (*nom, prénom, domicile et profession*). Le gérant est nommé pour une durée de….. années **OU** illimitée.
Pouvoirs du gérant : il peut accomplir tous les actes de gestion que demande l'intérêt de la société. Il dispose des pouvoirs les plus étendus pour agir au nom de la société. Il l'engage par les actes qui entrent dans l'objet social. Toutefois, le gérant ne pourra pas, sans autorisation préalable donnée en assemblée générale par une décision extraordinaire des associés, effectuer l'une des opérations suivantes : ……….
Cessation des fonctions du gérant : le gérant peut être révoqué par une décision ordinaire des associés ; en cas de démission, le gérant doit en informer chacun des associés au moins 2 mois à l'avance, par lettre recommandée avec AR, et convoquer une assemblée générale aux fins d'élire son successeur ; en cas de décès du gérant, l'assemblée générale peut être convoquée à la requête de l'associé le plus diligent.

Article 15 – Décisions des associés

Les décisions qui excèdent les pouvoirs du gérant sont prises par les associés. Elles résultent, au choix du gérant, soit d'une assemblée générale, soit d'une consultation écrite des associés. Chaque associé dispose d'un nombre de voix égal à celui des parts sociales qu'il détient.

Article 16 – Assemblées générales

L'assemblée des associés est réunie à l'initiative du gérant, au lieu du siège social ou en tout autre lieu de la même ville. Un ou plusieurs associés représentant au moins….. % du capital social peuvent demander au gérant, par lettre recommandée avec AR, de convoquer une assemblée générale.
Convocation : les associés sont convoqués au moins 15 jours avant la réunion de l'assemblée, par lettre recommandée avec AR. La convocation contient l'ordre du jour. Chaque associé, quel que soit le nombre de parts dont il dispose, doit être convoqué à l'assemblée générale. Il ne peut

se faire représenter que par un autre associé de son choix. La convocation peut être verbale et l'assemblée réunie sans délai si tous les associés sont présents ou représentés. L'assemblée générale est présidée par le gérant.

Assemblée générale ordinaire : une assemblée ordinaire doit être réunie au moins une fois par an pour se prononcer sur l'approbation des comptes de la société, décider de l'affectation des résultats et de la répartition des bénéfices. À cet effet, elle prend connaissance de la reddition des comptes de la société et du rapport de gestion de l'exercice écoulé établis par le gérant. Les décisions ordinaires sont essentiellement des décisions de gestion. De manière générale, elles concernent toutes les questions qui n'entraînent pas de modification des statuts. L'assemblée ne peut pas délibérer sur une question qui n'est pas inscrite à l'ordre du jour. Néanmoins elle peut, en toutes circonstances, révoquer le gérant, statutaire ou non, et procéder à son remplacement.

Les décisions sont prises valablement par un ou plusieurs associés représentant plus de la moitié du capital.

Assemblée générale extraordinaire : Une assemblée extraordinaire a pour objet la modification des statuts dans toutes leurs dispositions. Les décisions sont valablement prises lorsqu'elles ont été adoptées par les associés (présents ou représentés) représentant les 2/3 au moins du capital social.

Article 17 – Consultation écrite des associés

Le gérant peut consulter les associés par correspondance chaque fois qu'il l'estime utile. Il doit adresser à chaque associé, par lettre recommandée avec AR, le texte des résolutions proposées en double exemplaire, accompagné des documents nécessaires à l'information des associés. Chaque associé dispose de 15 jours, à compter de la date de réception de la lettre, pour la retourner datée et signée, en indiquant pour chacune des résolutions si elle est adoptée ou rejetée. À défaut de ces mentions ou en l'absence de réponse dans le délai prévu, l'associé est réputé s'être abstenu. Les décisions prises par consultation doivent, pour être valables, réunir les conditions de majorité prévues pour les assemblées générales.

Article 18 – Procès-verbal des délibérations

Les délibérations des associés sont constatées par un procès-verbal adressé à chaque associé, par lettre recommandée avec AR, dans un délai de 2 mois à compter de la prise de la décision. Il précise notamment le texte des résolutions mises aux voix et le résultat des votes. Les procès-verbaux sont établis et signés par le gérant. Ils sont portés sur un registre spécial tenu au siège de la société.

Article 19 – Exercice social

L'exercice social commence au 1er janvier et finit le 31 décembre. Par exception, le premier exercice social commencera à la date d'immatriculation de la société au Registre du commerce et des sociétés et sera clos le 31 décembre 20…..

À la clôture de chaque exercice, le gérant établit l'inventaire de l'actif et du passif de la société, le compte d'exploitation générale, le compte de profits et pertes et le bilan de la société. Les associés doivent être convoqués en assemblée générale dans les six mois de la clôture de l'exercice à l'effet de statuer sur les comptes de l'exercice écoulé et sur l'affectation des résultats.

Article 20 – Affectation des résultats

Le bénéfice net est constitué par les produits de l'exercice, déduction faite des frais généraux, des charges sociales, ainsi que de tous amortissements et de toutes provisions.

Le bénéfice distribuable est constitué par le bénéfice net de l'exercice diminué des pertes antérieures et augmenté des reports bénéficiaires. Il est distribué aux associés proportionnellement au nombre de parts détenues par chacun d'entre eux. Toutefois, les associés peuvent décider en assemblée générale de le mettre en réserve ou de le reporter à nouveau, en tout ou partie.

Les pertes éventuelles s'imputent d'abord sur les bénéfices non encore répartis, puis sur les réserves, puis sur le capital. Le solde est, le cas échéant, supporté par les associés proportionnellement à leurs parts sociales.

Article 21 – Dissolution / Liquidation de la société

Dissolution : un an au moins avant la date d'expiration de la société, le gérant convoque une assemblée générale extraordinaire pour décider de sa prorogation ou non. À défaut de prorogation, la société est dissoute à l'expiration de sa durée. La dissolution anticipée de la société peut aussi être décidée à tout moment par décision collective extraordinaire des associés.

Liquidation : la société est en liquidation dès l'instant de sa dissolution, quelle qu'en soit la cause. La personnalité morale subsiste pour les besoins de la liquidation jusqu'à la clôture de celle-ci. La mention « société en liquidation » ainsi que le nom du ou des liquidateurs doivent figurer sur tous actes et documents émanant de la société et destinés aux tiers.

La liquidation est faite par un ou plusieurs liquidateurs pris parmi les associés, ou en dehors d'eux, et nommés par décision ordinaire des associés, ou, à défaut, par ordonnance du président du Tribunal de grande instance statuant à la requête de tout intéressé. Le liquidateur représentant la société, il a les pouvoirs les plus étendus pour réaliser l'actif et acquitter le passif.

Le produit net de la liquidation, après l'extinction du passif et des charges sociales et le remboursement aux associés du montant nominal non amorti de leurs parts sociales, est partagé entre les associés, proportionnellement au nombre de parts qu'ils détiennent.

Article 22 – Contestations

Toute contestation qui pourrait s'élever pendant la durée de la société ou lors de la liquidation entre associés, relativement aux affaires sociales, sera soumise au Tribunal de grande instance territorialement compétent.

Article 23 – Pouvoirs

Tous pouvoirs sont donnés au gérant pour accomplir les formalités prévues par la loi, notamment en vue de l'immatriculation de la société au Registre du commerce et des sociétés.

Article 24 – Reprise des engagements pris au nom de la société en formation

Un état des actes accomplis à ce jour pour le compte de la société en formation est annexé aux présents statuts. L'immatriculation de la société au Registre du commerce et des sociétés emportera de plein droit reprise par elle-même des engagements ci-dessus.

Fait à………, le………., en …… exemplaires originaux.

MODÈLE Convocation des associés à l'assemblée générale

SCI des Oliviers
14, boulevard Pasteur
75 014 Paris

Monsieur Pierre Lajoie
22, rue Verlaine
92 150 Suresnes

(par lettre recommandée avec AR)

Objet : Convocation à l'assemblée générale des associés
La société civile immobilière est immatriculée au RCS de Paris sous le n°..........

Monsieur,
J'ai l'honneur de vous convoquer à l'assemblée générale ordinaire de notre société qui se déroulera le vendredi 14 mars 2011, à 18 h 30, au siège de la société situé 14, boulevard Pasteur 75014 Paris.
L'ordre du jour sur lequel vous serez appelé à délibérer est le suivant :

- Audition du rapport du gérant ;
- Approbation des comptes de l'exercice clos le 31 décembre 2010 ;
- Quitus à la gérance ;
- Affectation des résultats.

Afin de préparer au mieux les delibérations, vous trouverez ci-joint les informations suivantes :

- Le texte des projets de résolutions ;
- Le rapport d'ensemble sur l'activité de la SCI au cours de l'exercice ;
- Les comptes annuels de la société.

Si vous ne pouvez pas vous rendre à la réunion, vous pouvez, conformément aux statuts de la société, vous faire représenter par un autre associé ou par votre conjoint. À cet effet, vous trouverez ci-joint une formule de procuration à remettre à votre mandataire, ou à retourner au siège social, dument complétée et signée.
Je vous prie de croire, Monsieur, en l'expression de mes meilleurs sentiments.

Fait à.........., le..........

Le gérant

MODÈLE Procès-verbal d'assemblée générale

Le .... *(lieu, date et heure de l'assemblée).*
Les associés de la SCI .... se sont réunis en assemblée générale ordinaire sur convocation du gérant, conformément aux dispositions des statuts.
Étaient présents : *(identité et adresse des associés)*
M..........
M..........
Étaient représentés : *(identité des associés absents et de leur représentant)*
M..........
M..........
L'assemblée générale est présidée par M.........., associé gérant. Le président constate que le nombre des associés présents ou représentés, possédant ensemble .... parts sociales, représente la totalité des parts sociales, et qu'en conséquence, l'assemblée est habilitée à prendre toutes les décisions ordinaires relevant de sa compétence, conformément aux dispositions des statuts.
Le président dépose sur le bureau et tient à la disposition des associés :

- les récépissés des lettres de convocation à l'assemblée ;
- les comptes annuels établis conformément aux dispositions législatives et réglementaires en vigueur ;
- le rapport sur les résultats de l'exercice ;
- le texte des résolutions soumises à l'approbation de l'assemblée, tel que transmis aux associés avec leur convocation.

Le président déclare que l'assemblée est appelée à délibérer sur les questions suivantes :

- examen et approbation des comptes de l'exercice ;
- examen et approbation de l'affectation du solde ;
- questions diverses.

Première résolution :
L'assemblée, après avoir entendu la lecture du rapport de gestion, l'approuve, ainsi que les comptes de l'exercice 20…, tels qu'ils ont été présentés par la gérance et qui font apparaître, pour ledit exercice, un résultat bénéficiaire (ou déficitaire) de.......... €.
L'assemblée approuve également l'ensemble des opérations réalisées par la gérance, lesquelles traduisent les comptes tels qu'ils lui ont été présentés. Par conséquent, l'assemblée générale des associés donne quitus au gérant de l'exécution de son mandat pour l'exercice 20…
Cette résolution est adoptée par ...... voix (nombre de voix « pour ») sur...... (nombre total de voix).

Seconde résolution :
L'assemblée, après lecture des propositions d'affectation du solde de l'exercice, approuve la répartition proposée par le gérant **OU** n'approuve pas la répartition proposée. À l'issue des débats, l'assemblée générale opte pour l'affectation suivante ......
Cette résolution est adoptée par .... voix sur ....
L'ordre du jour étant épuisé la séance est levée à ...... heures.
De tout ce qui précède, il a été dressé le présent procès-verbal, visé par un associé et signé par le président.

MODÈLE Acte de cession de parts

Entre les soussignés :
M………… *(état civil et adresse)*, ci-après dénommé le cédant et M……… *(état civil et adresse)*, ci-après dénommé le cessionnaire, il est convenu et arrêté ce qui suit :
Le cédant, associé de la SCI…………, immatriculée au RCS de……… sous le n° ………, et dont le siège social est situé à……. .., est propriétaire de….. parts de ladite société par suite de l'attribution qui lui en a été faite en rémunération de ses apports.
Il vend, sous les garanties ordinaires légales, au cessionnaire qui accepte, la pleine propriété de……. parts de la SCI………., portant les numéros …. à ……
Le cédant déclare que les parts objets du présent acte ne font l'objet d'aucun nantissement.
À compter de ce jour, le cessionnaire a la propriété des parts cédées et, en conséquence, exerce les droits et supporte les obligations qui y sont attachés. Le cessionnaire participe aux pertes et aux gains des résultats sociaux à compter de ce jour *(**OU** le présent acte intervenant en cours d'exercice, le cédant et le cessionnaire participeront prorata temporis aux pertes ou aux gains de l'exercice)*.
Le cessionnaire se conformera aux clauses et conditions des statuts qu'il déclare parfaitement connaître. Il reconnaît avoir reçu ce jour une copie des statuts de la SCI………., certifiée conforme par le gérant.

Prix de cession : la présente cession est consentie moyennant le prix de…..€ par part, soit un total de….. € payés comptant ce jour au cédant qui le reconnaît et en donne quittance au cessionnaire (***OU** que le cessionnaire s'engage à payer au cédant au plus tard le ……)*

Intervention du conjoint du cédant *(lorsque les parts dépendent de la communauté des époux)* : M…………., époux(se) commun(e) en biens du cédant déclare intervenir au présent acte et donner son consentement à la cession et à la perception du prix, conformément aux dispositions de l'article 1424 du Code civil.

Application de l'article 1832-2 du Code civil *(si le prix a été payé par le cessionnaire avec des fonds dépendant de la communauté)* : à l'acte est intervenu M…………, conjoint du cessionnaire, lequel a déclaré, d'une part, avoir été informé que le prix de la présente cession était payé au moyen de fonds dépendant de la communauté de biens existant entre lui et le cessionnaire et, d'autre part, qu'il ne revendiquait pas la qualité d'associé de la SCI……….

Agrément (si la cession est soumise à un agrément des associés) : la présente cession a été agréée par la société ainsi que cela résulte de la lettre en date du ……. émanant de cette société et jointe en annexe du présent acte *(**OU** le présent projet a été établi sous condition suspensive de l'agrément des associés)*.

La présente cession sera signifiée à la société par huissier, à l'initiative et aux frais du cessionnaire. Tous pouvoirs sont donnés au gérant pour accomplir les formalités de publicité. Tous les frais, droits et honoraires du présent acte et de ses suites seront supportés par le cessionnaire, qui s'y oblige expressément.

Fait à ……….., le……….. en….. exemplaires originaux.
Signatures des parties et des conjoints intervenant à l'acte

MODÈLE Demande d'agrément du cessionnaire des parts

(Par lettre recommandée avec AR ou par acte d'huissier)

Monsieur le gérant,

Je vous informe par la présente de mon intention de céder, aux conditions suivantes, les parts que je détiens dans la société civile immobilière .... :
- nombre de parts cédées : ....
- prix : .... €, soit ....€ par part
- conditions de paiement : ....
- acquéreur : .... *(nom, adresse, qualité)*

Vous trouverez ci-joint l'acte de cession qui a été dressé entre nous, sous condition suspensive d'agrément.
Dans l'attente de la décision de la société, je vous prie de croire, Monsieur, à l'assurance de ma considération distinguée.

Fait à.........., le..........

Signature du cédant

Index

CHAPITRES
(1) Qu'est-ce qu'une SCI ?
(2) Gérer son patrimoine
(3) Transmettre un patrimoine immobilier
(4) Gérer ses biens professionnels
(5) La création de la SCI
(6) La réalisation des apports
(7) Les associés de la SCI
(8) Le fonctionnement de la SCI
(9) La gestion des immeubles
(10) L'imposition des revenus
(11) Sortir de la SCI

A

B

Rédactrice en chef adjointe : **Bénédicte Dubreuil**
Coordinateur de l'ouvrage : **Arnaud Saugeras**
Chefs de produits Éditions : **Arnaud Saugeras, Édith Tavignot**
Fabricants : **Aurélien Sebag, Emmanuelle Dauer**
Conception graphique et réalisation : **Sicomono**
A collaboré à cet ouvrage : **François Fruleux**

14, Bd Haussmann - 75009 Paris Cedex

Directeur de la publication : **Francis Morel**

Impression, façonnage : Nouvelle imprimerie Laballery
Numéro d'impression : 011267
Dépôt légal : Janvier 2011

La liste de nos ouvrages est consultable sur **www.leparticulier.fr**